新时代高校体育教学理论解析与模式创新研究

朱明江　著

·北京·

内 容 提 要

体育教学历史悠久，随着高等教育的发展，高校体育教学经历了一个不断充实、完善的过程。新时期的高校体育教学是培养德、智、体、美全面发展人才的教学。本书就新时期高校体育教学理论与模式创新展开研究讨论，融合现代教育思想与高校体育教学这两大体系的内容，加深了人们对体育教学理论和实践的思考。本书内容主要涉及现代体育教学概论，高校体育教学的发展与改革，高校体育教学内容、方法及教学环境，高校体育教学模式的理论分析及创新优化，科学创新教育思想在高校体育教学中的应用，创新教育模式下的高校体育教学评价发展及师生关系构建，高校体育教学领域的拓展。

本书论述严谨、结构合理、条理清晰、内容丰富新颖、语言清晰流畅、可读性强，既具有较高的学术价值，又具有较强的实用性，可供高校体育教师及教学研究人员参考使用。

图书在版编目（CIP）数据

新时代高校体育教学理论解析与模式创新研究 / 朱明江著. —北京 : 中国水利水电出版社，2020. 10（2021.9重印）

ISBN 978-7-5170-9028-1

Ⅰ. ①新… Ⅱ. ①朱… Ⅲ. ①体育-教学模式-教学研究-高等学校 Ⅳ. ①G807. 4

中国版本图书馆 CIP 数据核字（2020）第 205521 号

责任编辑：陈 洁　　封面设计：邓利辉

书　　名	新时代高校体育教学理论解析与模式创新研究 XIN SHIDAI GAOXIAO TIYU JIAOXUE LILUN JIEXI YU MOSHI CHUANGXIN YANJIU
作　　者	朱明江　著
出版发行	中国水利水电出版社 （北京市海淀区玉渊潭南路 1 号 D 座　100038） 网址：www. waterpub. com. cn E-mail：mchannel@ 263. net（万水） sales@ waterpub. com. cn 电话：（010）68367658（营销中心）、82562819（万水）
经　　售	全国各地新华书店和相关出版物销售网点
排　　版	北京万水电子信息有限公司
印　　刷	三河市元兴印务有限公司
规　　格	170mm×240mm　16 开本　12 印张　210 千字
版　　次	2021 年 1 月第 1 版　2021 年 9 月第 2 次印刷
印　　数	3001-4500册
定　　价	60.00 元

凡购买我社图书，如有缺页、倒页、脱页的，本社营销中心负责调换

作者简介

朱明江，男，1975 年 8 月出生，河南省永城市人。副教授，中共党员。1998 年毕业于武汉体育学院，硕士研究生学历，2009 年 9 月份至今在华北水利水电大学大学体育教学部任教，主要从事高校篮球教学和训练方向的研究，主编、参编国家一级出版社著作 7 部，国内外学术期刊上发表论文 19 篇。

前　言

随着社会的快速发展，人们对健康的要求越来越高，我国高校也越来越重视体育教学。不断推行素质教育，提升高校体育教育水平是实现中国体育强国梦的关键所在，也是高校培养身心全面发展和有良好社会适应能力的优秀人才的有效途径。就目前情况来看，传统的教学方法已经无法满足现代体育教学,必须对传统的教学方式进行改革,创造新的教学模式,树立科学的体育教学理念,重视新形势下体育教学理论的发展和创新，才能有效推进我国体育事业的健康发展。

本书不是采用纯理论推演的方法，而是密切联系我国体育事业发展的具体实践，为改善体育教学质量和教学效果提供相应的理论模式或理论参考，旨在帮助高效体育教育工作者运用相应的理论知识正确认识和理解体育实践中的问题，提高分析问题和解决问题的能力，促进高效体育教学工作的顺利进行。另外，本书在内容上从抽象到具体，从理论到实践，层层推进且自成体系，既强调应有的理论深度，又注意具体的操作运用；在行文上既注意体育专业学生的特点，也尽量考虑到普通健身锻炼者的需求，力求科学性与通俗性相统一。

本书共分七章。第一章对现代体育教学的基本理论知识进行了简要阐述，内容主要包括现代体育教学的定义、特点、性质、功能、目标、任务、相关科学理论等；第二章主要研究了高校体育教学的发展与改革，内容主要包括体育教学的历史与现状、素质教育与体育教学改革的关系、高校体育教学改革的问题与对策等；第三章对高校体育教学内容、教学方法及教学环境进行了详细研究；第四章主要研究高校体育的教学模式，在分析高校体育教学模式的现状和发展趋势的基础上，对教学模式的理论进行了比较分析，并提出了教学模式的整体优化创新方法；第五章主要研究科学创新教育思想在高校体育教学中的应用，内容包括科学思想在体育教学中的应用、新时期高校体育教学的新发展、高校体育教学活动的科学化保障研究、创新思想是当今教育体系的必经之路、高校体育教学中对学生创新能力的培养等；第六章主要研究创新教育模式下的高校体育教学评价发展及师生关系构建，内容主要包括体育教学评价基本理论、现代体育教学评价体系的规范与落实、体育教学评价的发展、传统高校体育教学主体的角色分析、现代体育教育创新模式下教师角色的重新定位和新型师生关系构建策略；第七章主要研究高校体育教学领域的拓展，对现代高校体育教学中采用的教育技术（绩效技术和游戏化教学）和学习模式（移动学习与混合式学习）进行了分析讨论。

在编写的过程中，得到了众多专家学者的热心指导和大力支持，也参考了大量的文献，在此向所参考文献的作者和给作者提供帮助的专家学者表示诚挚的谢意。

由于作者水平有限，而体育教学涉及的内容比较广泛，加之时间比较仓促，书中难免有疏漏和不足之处，恳请同行业专家学者及广大读者朋友批评指正。

作　者

2020 年 7 月

目　录

第一章 现代体育教学概论

在我国高等教育发展的初期，体育教学在学校教育中的地位不高，没有得到学生与教师的重视，把体育课当作“无用”的课程。随着现代教育的改革和发展，学生和教师对体育教育的观念发生了很大改变，如今体育教学已经成为高校教育的重要组成部分，并得到了广大师生的喜爱和欢迎。本章重点研究体育教学的基本内容，分别对体育教学的概念、特点、性质、功能、目标、任务等展开讨论。

第一节 体育教学的概念与特点

一、体育教学的概念

“美是必要的，快乐是必要的，爱情也是必要的，但一切都应有健康作为基础。”“身体是革命的本钱”这两句话都出自名人之口。短短的两句话写出了具有强健体魄的重要性，而强健体魄与体育是分不开的，那么究竟什么是体育呢？可能有人会说就是对身体的锻炼与教育。其实不仅仅如此，体育作为一种文化现象有着悠久的历史，随着社会的发展，它已成为文明的组成部分。体育的概念也是随着社会的发展而发展的。它包括广义体育和狭义体育。广义体育是体育运动的同义词，主要包括学校体育、群众体育和竞技体育，这三者的根本任务都是增强人们的体质、提高运动技术水平、丰富人们的文化生活、为社会主义建设服务。狭义体育是学校教育的重要组成部分，它主要是通过体育理论课、课外体育活动，运用多种多样的身体练习方式，与学校智育、德育等互相配合，共同促进学生身体素质全面发展。

（一）体育教学是一门学科

随着我国体育教学的不断发展，现代体育教学中的内容主要包括三方面，分别为教学任务、教学目标和教学内容。我国学校教育的结构框架中，体育教学是一门特殊的学科，主要是培养学生的体育兴趣，锻炼学生的运动能力，提高学生的身体素质，与德、智、美、劳等组成合理的教学内容，使得学生的综合素质更好地发展。现代体育教学形式主要是以课程讲解为主，其主要目的是提高学生的身体素质和心理素质，同时促进学生的德、智、美三方面全面发展，这样才能有效保证教学目标的可行性。体育课程教学的概念更加侧重于体育运动知识与技能的学习与掌握，但在学生对体验和参与体育运动的认识、情感与社会适应等方面没有给予充分的关注。

（二）体育教学是教育的组成部分

当代体育教学中，体育教师凭借自身专业知识和教学经验在教学中占据着主导地位，指导学生学习专业知识并开展体育活动，学生通过学习各种体育知识，不断提高自身的综合素质，组织更多有计划、有目的、科学合理的健身活动，配合德、美、智等方面的课程，共同促进学生身心的全面发展。因此，体育教学属于学校教育的重要组成部分。

（三）体育教学是活动

体育教学实质上是一种体育相关活动的组合，我国一些研究学者通过研究调查，提出了相同的看法："现代体育教学是一种有组织、有计划的能够促进学生在运动认识、体育技能、个人情感等方面和谐发展的活动。"在现代体育教学中，使学生熟练掌握理论知识已经不是主要教学目的，要将理论与体育活动相结合，这样才能更好地促进学生的全面发展。其实，现代体育教学是在让学生参与运动训练的基础上不断学习体育活动中的相关运动技能，进而使其运动技能达到一定的标准，是体育感受体验的积累。

二、体育教学的要素构成

体育教学并不是简单意义上的娱乐活动，也不是随意、无计划的教学活动。体育教学活动是由多种要素构成的，开展活动时要根据科学、合理的理念来进行。现代体育教学模式中，教学活动的组成要素主要包括八个方面，分别是体育教师、学生、教学环境、教学目标、教学内容、教学过程、教学方法和教学评价。如图 1-1 所示给出了体育教学的要素组成结构图。

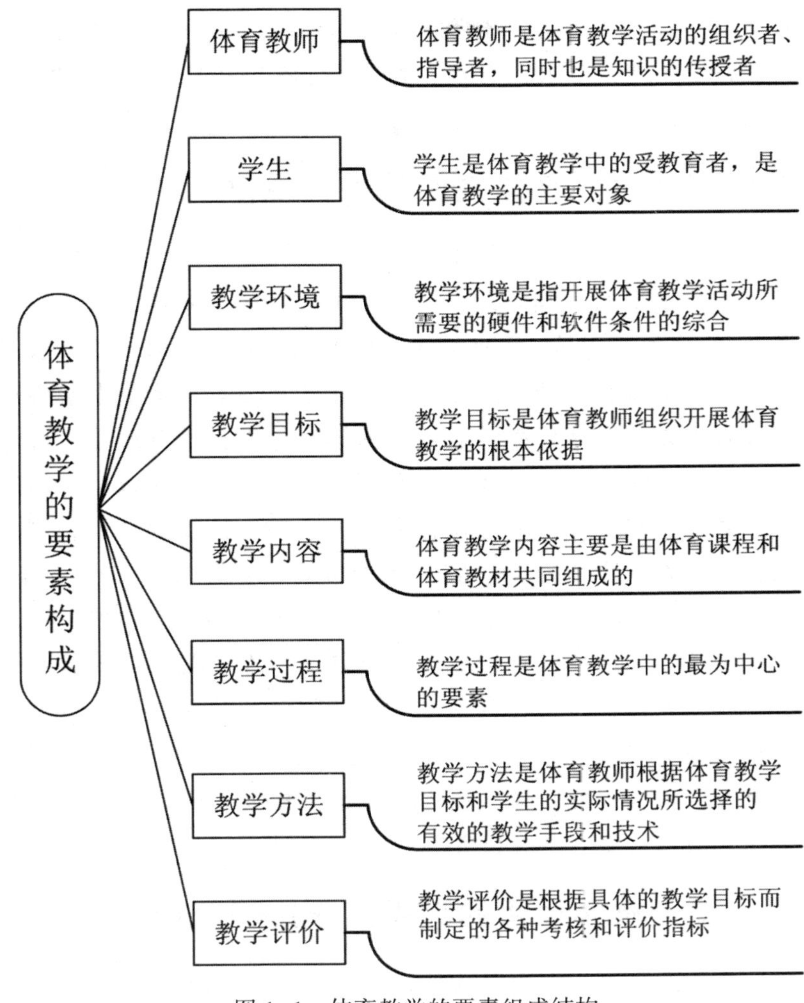

图 1-1　体育教学的要素组成结构

三、体育教学的特点

（一）学生自觉而积极地锻炼身体

体育教学要结合体育课的特点，针对学生的具体情况进行。高校体育课程要始终贯彻三项基本任务，即增强学生的体质，使学生掌握相关的体育技能，同时也要注重学生思想品德的教育。根据学生的特点，有计划、有目的地教育学生自觉地参加体育锻炼，同时要注意体育课的生动活泼，但更要严格训练、严格要求，培养学生锻炼身体的习惯，振奋学生的精神，使学生具有健壮的体魄和良好的精神风貌。

（二）符合学生身体机能的生长规律

青少年时期是一个人的黄金时期，同时也是决定一个人的性格、体质、心理、智力发育水平的关键时期。大学生正处在成长时期，人体的生长发育时期长达 20 多年，它是一个连续统一的发展过程，在成长阶段会受到各种因素的影响，如饮食营养、人体基因、社会环境等，这些因素会造成个体之间存在较大差异。体育教学应当根据学生的生长发育规律，科学合理地安排学生生活、学习和体育锻炼，使学生的身心健康成长。研究表明，经常参加体育锻炼和不经常参加体育锻炼的人的生长发育是不相同的。在中学阶段，学生处于少年时期，其身体的发育比较迅速。到了青年时期，发育虽然有所放缓，但尚未完全定型。要使青少年的身体正常地生长发育，不断地增强体质，有计划、有组织地运用科学的方法锻炼身体具有十分重要的意义。因为人体在进行体育活动时，新陈代谢功能旺盛，有关的器官与系统都积极地参与活动，可以有效地促进各器官的发育。长期锻炼之后，人体的肌肉发育得很强壮，体能也得到了很大提升，所以每个学生都要积极地参加体育锻炼，使体质得到增强。

（三）体育教学过程的组织工作比较复杂

操场是学校体育教学的主要场所，学校的体育课程（尤其是体育实践课程）绝大多数都在操场上进行。学生参加体育活动时，老师会以班级为单位，有时也会分为多个小组进行。操场上组织锻炼时，由于学生人数较多，学生的活动区域比较分散，对教师的教学会产生一定的影响，不利于统一管理。特别是有的高校在进行体育活动时，学生的组织纪律性比较差，积极性不够高，再加上体育锻炼器材的不足，大大增加了教学过程中的复杂性。当前，很多学校普遍重视建立体育课的常规，这是一个很好的教学措施。为了达到教学的目标，高校应该制定和完善相应的体育课常规，将课外体育实践活动制度化、规范化，这样可以帮助教师有序地开展教学工作。体育教学过程中，组织工作是非常重要的一个环节，它能够保障教学活动顺利进行，然后根据学生年龄、性格特点、场地条件和气候环境等因素来实施教学，从而彰显出活而不乱、严而不死的特点，使整个教学过程有秩序、有条理地进行。

（四）提高学生对自然环境的适应能力

有机体与周围环境有着不可分割的联系。机体与环境统一的主要表现之一是机体对生存条件的适应。在一般情况下，体育课和课外活动应在室外进行，使学生接受阳光、空气的洗礼，逐步提高对自然寒暑条件的适应能力。教师要教育学生积极地到户外参加体育锻炼，在教师的指导下，接受一定时间的阳光照射，使皮肤的色素增加，这不仅从外观上给人以健美的感觉，更重要的是色素可保护身体的深部组织免受阳光过度照射的损害。我国的名谚："冬练三九，夏练三伏"，形象地说明我们不能做温室里的花草，要做经得起风吹雨打的劲松。

（五）通过体育锻炼对学生进行思想教育

体育教学具有十分重要的思想教育功能，在教学过程中，教师要分析体育教材的特点，结合一些真实的例子，向学生展示生动的教材内容，并通过体育活动进行正确的思想品德教育。

"德智皆富于体"，有了健康的身体，才能以旺盛的精力、顽强的斗志去从事学习和工作，促进德、智、体的全面发展。一切重智育轻体育和重体育轻德育、智育的思想和做法，都是对国家教育方针的错误理解，都是片面的。为此，在开展体育教学的同时，要关心学生智力和思想品德的发展，提高他们的思维与理解能力，并把思想教育渗透到体育教学的每一个环节中去，培养学生的道德品质，使学校教育在德育、智育、体育三方面统一起来，从而使学生的身心得到全面发展。

第二节 高校体育教学的性质与功能

现实生活中，不同的事物其组成要素各不相同，也就有了独特的性质和功能。现代高校体育教学中，体育教学和其他学科相比，它们的性质和功能是不一样的，这里就体育教学的性质和功能展开简要的讨论。

一、高校体育教学的性质

不同事物之间主要通过其性质来区分，性质不同其表现出的特征就会存在差异。高校体育教学过程中，体育课程与其他学科的差异就在于体育教学具有显著的体育活动性质，高校体育教学的“体育性”主要表现为五个方面，如图 1-2 所示。

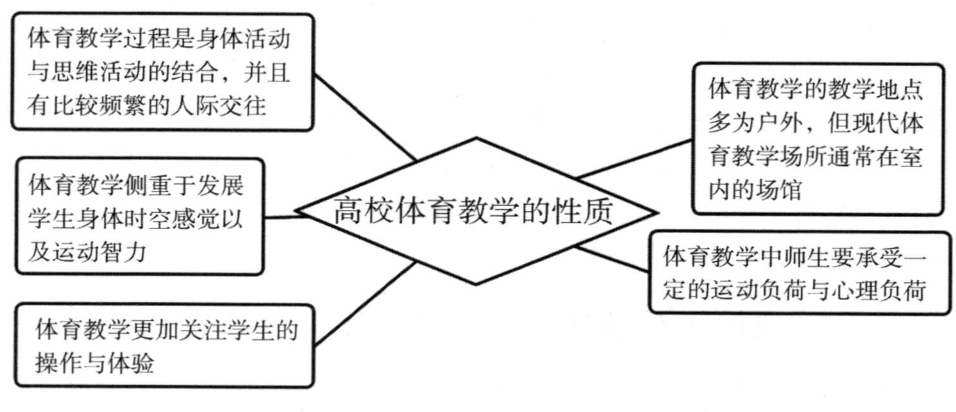

图 1-2　高校体育教学的性质

二、高校体育教学的功能

现代高校体育教学中，体育教学不仅可以传授理论知识，还可以通过体育活动增强学生的体质。同时高校体育教学能够发挥出多种功能，即健身功能、智育功能、德育功能、竞争功能、娱乐功能和审美功能。为了加深对高校体育教学功能的了解，下面将对各种功能展开详细的讨论。

（一）健身功能

健身功能是体育教学的基本功能，通过体育锻炼，可以增强学生的体质，提高学生的运动水平，同时可以改善身体形态，提高学生的生理机能、身体素质和活动能力，增强学生对外部环境的适应力和对疾病的抵抗力。

（二）智育功能

体育活动是促进智力发展的物质基础，良好的体质可以保证学生有充沛的精力进行学习，并且体育活动可以使学生的听觉、视觉等各种感觉器官得到锻炼，从而促进学生记忆力的提高和智力发展。

（三）德育功能

体育教学是提高学生的思想道德素质的有效途径，学生通过学习各种复杂的动作，克服生理上的困难，使学生的勇敢、坚强、刻苦等品质得到锻炼，在未来社会中更加具有竞争力。

（四）竞争功能

随着社会的快速发展，人们之间的竞争也越来越大，为了能够适应时代变化，必须要不断提升自己的综合素质，这样才不会被社会所淘汰。同样地，高校体育教学也是如此，教师在讲授体育知识时一定要培养学生的竞争意识，提高学生独立解决问题的能力，为以后步入社会奠定稳固的基础。体育活动具有一种敢闯、敢拼、敢挑战的精神，由于体育比赛是一项竞技活动，需要不断战胜对手才能获得最终的胜利。所以，教师在高校体育教学过程中要不断鼓励学生，提高学生的积极性，在潜移默化中培养学生的竞争力。

（五）娱乐功能

体育教学可以调节学生的心理状态，使学生的精神得到放松，消除学习中的疲劳。体育教学的开展也给学生的生活带来了无穷的乐趣，如今体育活动已成为学生的一种精神食粮、一种美的享受，使高校体育教学的娱乐功能得到充分展现。

（六）审美功能

从高校体育教学的表面来看，体育教学与学生的审美意识和审美能力并没有任何直接联系，但实质上是有促进的作用。随着我国高校体育的发展，体育教学可以帮助学生强健体魄，提升学生的运动能力，塑造更美的形体，掌握更美的姿态，这是体育的外在美；体育教学还能培养学生的健全人格，展现学生的人格美，这是体育教学的内在美。现代高校体育教学中完美融合了美术、舞蹈、音乐等内容，形成了一种崭新的复合文化，可以对学生的各方面进行审美教育，提升学生的审美意识，熏陶学生的心灵。

总体来讲，体育教学已成为学生健康状况的重要标志，是人类文明的组成部分。英国名人麦考莱这样说过，“体育虽然有一个健康的目标，但更重要的是体育包含着和平、明朗、健康的社会性和人性涵养的一个思想立场”。可见，体育教学不单是蹦蹦跳跳跑跑而已，它更是“德”“智”“体”“美”“劳”功能全面发展中的重要一面。

第三节　高校体育教学的目标与任务

现代高校体育教学中，合理地制定目标与任务非常重要，要结合时代的发展特点，不断改进与完善。需要注意的是，目标与任务不能定得过高、过大，要切合当前教育状况，结合师生的自身特点和课程要求，科学地规划目标与任务。这里将对现代高校体育教学的目标和任务进行详细的研究。

一、高校体育教学的目标

随着我国教育的不断改革，现代高校教育组成中体育教学占据着重要的地位，并在人才培养中起到重要的作用。高校体育教学目标是高校体育一切实践的出发点，决定着高校体育实践的方向、内容和方法，指导着高校体育实践的全过程，具有导向、动员、激励的作用。高校体育教学的目标是学生在理论课程和体育活动中获取成果的预期标准。通常情况下，高校体育教师会根据多方面要求合理规划教学目标，充分体现目标的灵活性和实用性，为后期的教与学提供切实可靠的依据。另外，还能为教学工作的有序进行提供明确的方向。在2002年教育部颁布的《全国普通高等学校体育与健康课程教学指导纲要》中指出：要在全体学生中，树立“健康第一”的指导思想，形成新的高校体育教学管理模式；选择符合“健康第一”的高校体育教学内容、落实体育教学的方法和手段；建立科学有效的学生体质健康评价体系、制定适应“健康第一”指导思想的高校体育师资队伍培养方案等。高校体育要对学生进行终身的体育教育、培养学生的体育意识、技能和习惯。下面就高校体育如何根据“健康第一”的指导思想，选择确定与之相适应的体育教学目标，为推动高校体育进入一个更加快速的发展时期做一些初步的探讨。

（一）高校体育教学目标的概念

实质上，目标是一种理想状态下所能达到的高度。高校体育教学目标的制定是为了预估体育教学的成果，预期成果包括两部分，分别为阶段成果和最终成果，即阶段目标和最终目标。高校体育教学目标实际上是一种尚未完成的事项，是一种期望达到的成果，是对体育学习成果的预估和期盼，有了教学目标能够激发教师和学生在教学过程中的潜力，从而为实现制定的目标共同努力。

高校制定的体育教学目标，在很大程度上显示出教师与学生对体育课程编制、体育教学实施、课外体育活动等体育价值的理解，高校体育教学目标的合理性直接影响到体育教学的实施和教学成果的评价。

（二）高校体育教学目标的特性

高校体育教学目标具有鲜明的特性，这主要表现在四个方面，即前瞻性、曲折性、方向性和终结性，如图 1-3 所示给出了高校体育教学目标的特性示意图。

（三）高校体育教学目标的层次

从高校体育教学目标的概念可以看出，目标有大小、长远之分，因此不同的目标实现的方式就会存在差异。在高校体育教学过程中，制定的前期目标是整个高校体育教学中的不同“站点”，而制定的最终目标才是整个教学的目的地。高校体育教学目标有自身的层次与结构，如图 1-4 所示。

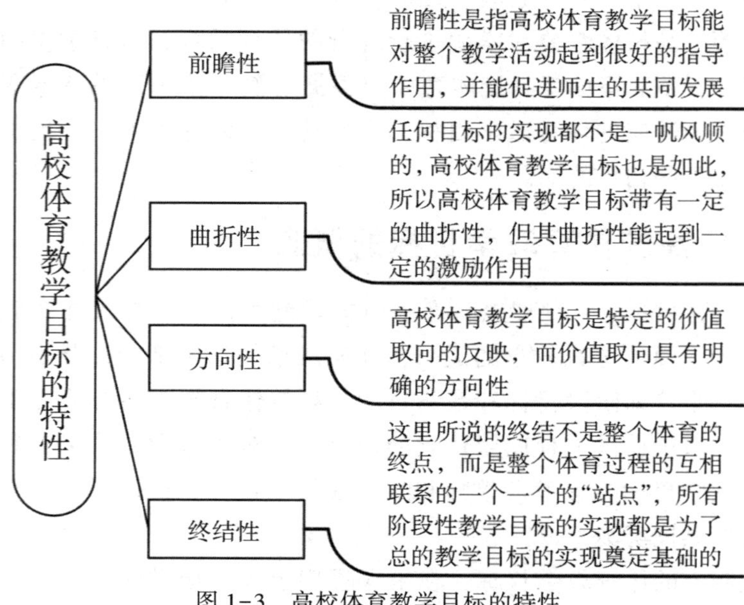

图 1-3　高校体育教学目标的特性

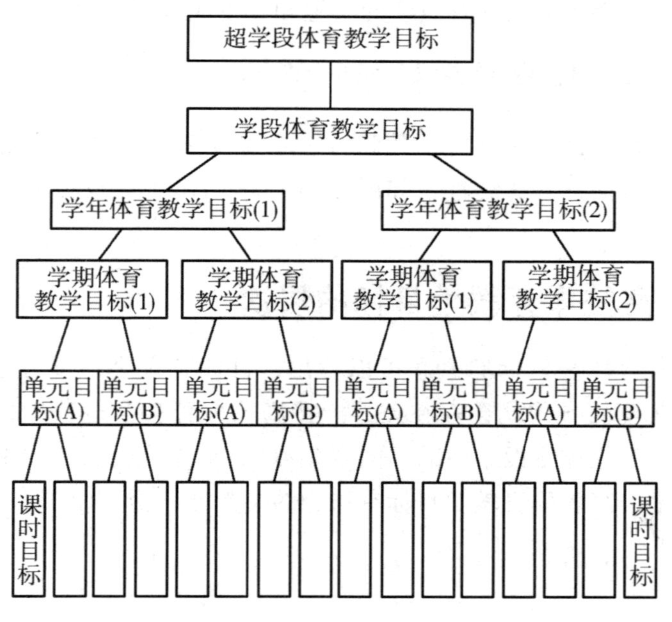

图 1-4　高校体育教学目标的结构图

从图 1-4 中可以看出，高校体育教学目标是由多个不同的小目标组成的，具有一定的层次和范围，大的目标会超过教学要求，而小的目标仅仅是一个课时目标。就目前情况来看，教师在制定不同的目标时，一定要充分考虑不同教学目标的上位和下位层次。

（四）高校体育教学目标的选择

全民健身活动的开展对高校体育教学提出了新的要求，高等学校的体育教学目标究竟如何选择和确定呢？高校体育教学作为一种有计划、有目的的教学活动，其目标的选择和确定应主动适应社会发展和变革的多元化要求，满足社会的需求和学生内在的需要。就目前我国所处的历史阶段来看，增强学生的体质，培养学生的身心健康，为中华民族的强盛、国家的可持续发展提供体质保证，是学校体育的总目标，这也是学生和社会发展所面临的共同基础。而从高校体育课来看，传授体育知识、技能，为终身体育打好基础；发展创造能力，完善人格与个性；重视个体需要，培养体育兴趣；这三点是高校体育教学目标选择时需要考虑的。

1. 传授体育知识和技能，为终身体育奠定基础

体育作为一门学科，重要的是教会学生锻炼的方法和技能。传授体育知识和技能，为终身体育奠定基础是高校体育教学主要的目标，这是高校体育教学区别于单纯的身体锻炼的根本所在。体育教学的根本功能就是对学生保护身体健康和科学锻炼身体提供理论知识和方法指导，这种指导将会影响学生一生的健康发展。高校体育教学就如同教会他们“捕鱼”，而非简单地施之以鱼。通过教会他们体育知识和技能，形成良好的行为习惯，促使学生的身体素质得到全面的提高，为高校体育教学的终身体育目标奠定坚实的基础。

2. 重视个体需要，培养体育兴趣

兴趣是学生最好的老师，培养学生的体育兴趣，变“强迫体育”为“主动体育”是实现高校体育教学目标的首要任务。学生学习体育的动机来自于对体育教学的需要，高校学生的身体机能处于旺盛时期，学生的体育目标并不是完全为了增强体质，而是更多的根据自身的兴趣爱好来选择运动方式。实际上，只要学生参与运动，就不仅满足了学生的兴趣爱好，同时学生的体质也会得到改善。如果学生自己的运动欲望没有得到满足，就不会对体育产生兴趣，更不会由此形成终身体育的意识和理念。当学生毕

业之后走向社会，该阶段学生的身体正处在最健壮时期，而这个时期的运动计划又常常被工作、生活等一些问题所影响，体育锻炼的兴趣逐渐失去，久而久之，体育锻炼行为就会被终止。因此，如果只是把国家的抽象需要作为目标放在高校学生的时期，而不注重培养学生的体育意识，就容易造成其离开学校后，因为没有终身体育的意识而导致体质的下降。所以，高校体育教学目标应尽可能地满足学生的不同需要，采用灵活多样的方式进行教学，让学生能根据自身条件与兴趣爱好，不受班级、时间、教学内容的限制，让学生感受到更多的自主性，给予学生更大的学习空间，从而培养高校学生的体育兴趣。

3. 发展创造能力，完善人格与个性

高校体育教学要随着体育学科的发展、时代的进步、学生的需求而变化，现代是一个信息时代，需要的是综合性人才，也就是要具备身心协调发展、终身体育能力、创新能力的新型人才。因此，高校体育教学目标应注重培养学生的创新精神、创造思维及创造能力。在高校体育教学中，要充分调动学生的积极性，以学生为主体，使学生在学习知识、技能的过程中，不断提高自身的创造力。另外，注重启发学生对运动项目进行分析、了解其锻炼功效，选择高校体育教学目标时要学会因人而异、因地制宜地选择，保留高校体育教学的健身和娱乐功能，使学生能够适应自我的现实环境，创造出新颖、简单、有趣的运动形式。在体育课中，根据学生的认知能力、技能掌握能力和实际学习的要求，有区别地设计和进行教学，给学生一些自主的时间和个性发挥的空间。例如，在健美操课中，让学生自己设计准备活动、热身活动以及放松活动，在练习中采用小组自主练习，互帮互教，共同进步；在球类教学课中，可以让学生自己编排赛制，组织比赛等，并以此提高学生的组织能力、团队精神和个人竞争能力等良好的心理品质。

在体育课程的设置上，要重视学生个性发展需要遵循因材施教的原则，如在内容、方法、进度等方面，让学生有一定的选择余地，学生能真正意义上进行自主学习、合作学习。因此，高校教育教学目标要充分发挥创造能力，完善学生的人格和个性。

（五）高校体育教学目标的制定

1. 高校体育教学目标制定的步骤

我国高校体育教学中，制定的体育教学目标一定要合理有序，高校体育教学目标的制定分为三个步骤，即对体育教学对象进行分析、对体育教学内容进行分析和编制体育教学目标。由于本书篇幅有限，下面仅对三个步骤展开简要的讨论。

（1）对体育教学对象进行分析。制定高校体育教学目标时，一定要了解学生自身的学习情况和学生之间存在的差距和不足，在认真分析学生的学习需要与能力条件的基础上，才有可能设置合理有效的高校体育教学目标。

（2）对体育教学内容进行分析。高校体育实践教学过程中，由于高校体育教学内容是实现高校体育教学目标的重要媒介，因此只有真正掌握了高校体育教学内容的作用和功能，才能制定出合理的高校体育教学目标。高校体育教学内容在选择方面具有很强的时代性，不同时期背景下，高校体育教学内容就会存在很大的差异。在制定高校体育教学目标的过程中，教学内容和教学目标之间的关联性非常显著，没有教学目标的教学内容，最终也不会形成相应的教学目标。

（3）编制体育教学目标。高校体育教学内容选择确定之后，就需要重点考虑教学目标的编制。在高校体育教学活动设计、开展、评价过程中，教学目标是整个活动的基本依据，一般情况下是通过“单元”或“课时”的教学水平分别进行评价最终编制合理的高校体育教学目标。

2. 高校体育教学目标制定的注意事项

大量的体育教学实践证明，在制定高校体育教学目标时应当注意以下重要事项。

（1）应具有教育价值。高校体育教学目标都是为了提高体育教学质量而制定的，必须具有一定的教育价值，但在高校体育课程开展的过程中，有些老师注重教学目标的分解和细节，导致出现了一些没有任何教育价值可言的教学目标，严重影响了高校体育教学的教学效果。

（2）应与体育课程目标相关。教学目标的制定要符合体育课程的要求，体育课程目标是体育教学目标的上位目标，只有把上位目标与下位目标连接好，这样才能制定合理的高校体育教学目标。

（3）应与学生实际情况相适应。在制定高校体育教学目标时，要充分考虑学生的学习需求、学习能力和学习条件等实际情况，在这些前提条件下才能制定合理的教学目标，这样学生在追求这个目标的过程中才能培养对体育运动的兴趣并提高学生的身体素质。

（4）目标的描述应准确直白。只有高校体育教学实施的人能像目标制定者那样理解其中要达到的结果时，制定的目标才是有效的。

（5）应找到学生与内容的结合点。高校体育教学的对象和内容是制定体育教学目标时重点考虑的两个因素，必须充分考虑学生的实际情况和要达到的教学目标。

（6）应注意及时调整。教师在高校体育教学中制定的教学目标不是一成不变的，要根据实际教学情况及时做出调整，并随着高校体育教学制度的改革，科学合理地调整既定目标。

总体来讲，高校体育教学目标应朝着培养学生体育实践能力的方向发展。“体育实践能力”主要分为以下四种。

（1）体育运动的能力。

（2）体育锻炼的能力。

（3）体育娱乐的能力。

（4）体育欣赏的能力。

随着国家经济稳步提高，现代高校体育教学目标应向生活体育、娱乐体育、愉快体育、文化体育、终身体育的方向发展，高校体育教学目标的实现是靠体育教学在教学大纲、组织形式、教学评价等方面的改革和完善。高校体育教学应重视学生的个体需要以及学生的主体地位，根据高校体育的发展及学生的兴趣，开设内容多样的选修课程，激发学生的潜能和创造力。另外，通过体育俱乐部、社团、健身中心、讲座等多元化形式来满足学生健身、健美、娱乐、休闲及竞技的需要，使学生的体育能力得到更好的发展。

二、高校体育教学的任务

高校体育教学任务主要包括以下几种。

（一）运动教育

（1）体育与健身课程。体育与健身课程是学生学习中的一门必修课，通过身体锻炼的方式来提高学生的身体素质。在高校课程体系当中，该课程是必不可少的一部分，它能够促进高校学生的全面发展，有助于学校实施素质教育。

（2）面向全体学生的课外体育活动。学校在课余时间开展的体育教学活动是面向全体的学生，主要内容是一些健身和娱乐活动，然后以班级的形式进行组织，这样可以满足不同学生的锻炼需求，有利于学生综合素质健康发展。

（3）课余体育训练。通过利用学生课间休息的时间组织一些体育训练，主要是针对一些运动天赋出众的学生，采取特殊的形式对他们进行更加专业地训练，如运动队、俱乐部等，可以进一步提高高校学生的身体素质，帮助他们了解和学习更多的体育技能，为我国体育事业的发展奠定坚实的基础。

（二）增强体质

现代生活中，人们对健康的理念非常重视，但是健康和体制是两个完全不同的概念，二者之间相互联系又有区别。生活中我们所指的健康主要包括三个方面，即身体、心理和社会，健康是一种三维的理念。而体质主要是说人体的质量，主要包括体能、体形和体格。人与人之间的体质存在很大的差异，在各个成长阶段中，主要是受遗传基因和生活环境的影响。高校学生想要提高身体素质、增强体质最直接的方法就是加强体育锻炼，通过科学、合理的体育运动，可以帮助学生由弱变强，还能提高身体的机能，增强免疫力。所以，目前高校体育教学中“提升健康、增强体质”是我国体育教育的首要任务。

（三）提高运动技术水平

随着国家经济稳步提升，一个国家的体育水平也会对国家的综合国力产生重大的影响，并且国家体育运动水平的高低直接反映出国家体育事业的发展状况。一个国家的体育水平是在众多因素影响下的综合表现，如国家经济、政治、文化、科技、教育等，它也能展现出一个国家或民族的精神和形象。因此，在提倡健康运动的同时，也要稳步提高高校学生的运动技术水平。高校学生运动技术水平的提高能够有效促进我国体育事业的快速发展，主要表现在两个方面：一方面，普及体育运动可以起到增强高校学生体质的作用；另一方面，运动技术水平的提高可以指导和推动体育运动向更广泛、更深入的方向发展。田径、球类等体育项目是高校学生最常见的锻炼方式，这些都是一些国际比赛中的基本项目，也是学校开展体育活动的重要内容。为了加快我国高校体育教学的发展，专业的体育运动员和普通的学生都应该在自己原先的基础上进一步提高自己的技术水平，不断提升体育方面的综合素质。

（四）学习掌握体育的基础知识

学习掌握体育的基础知识可以使学生理解高校体育教学的目的、任务和体育在教育中的地位和作用；学会基本实用的身体锻炼的技能和运用技术；使学生了解和掌握身体锻炼的基本原理和科学锻炼的方法，以适应终身锻炼身体的需要。

（五）掌握体育教学方法

要想实现高校体育教学目标，就得找到恰当的体育教学方法，因为体育教学方法是实现目标的根本途径。体育教学方法是指为实现体育目的而采取的各种身体活动内容和方法的总称。现代高校体育教学中，采用的活动形式有很多种，并不是所有的活动内容和手段都适合高校体育教学，只有按照高校体育教学目标和任务采取的手段和方式才能称为体育教学方法。

（六）发展学生良好的思想品德

发展学生良好的思想品德主要表现在以下几个方面：培养高校学生勇敢顽强和富于创造的精神，使学生拥有遵守纪律、团结协作和朝气蓬勃的体育道德作风；因势利导，全面地发展学生适应于社会和生活需要的个性；提高对体育的认识，养成经常参加身体锻炼的兴趣和习惯；陶冶美的情操。

（七）全面发展学生的体育能力

根据高校学生的年龄特点，有计划地进行各项内容的体育教学，以促进学生身体的正常生长发育和生理功能的发展，帮助高校学生全面发展自身的体育能力。

上述七项高校体育教学任务是互相联系的统一整体，它是通过高校体育教学的实践活动和理论讲授完成的。这七项高校体育教学任务必须协调一致，同等对待，不能偏袒其中某一项。但在体育教学中，根据体育课的教学任务、教学要求和教学特点而有所侧重，也是理所当然。

第四节 高校体育教学的相关科学理论

高校体育教学活动的顺利开展需要遵循一定的原理，运用这些原理可以更好地帮助高校体育教学的工作。例如，效益平衡原理、学习认知原理、循序渐进原理、刺激适应原理、超量恢复原理等，学习和掌握这些原理是体育教学对高校学生的基本要求。

一、效益平衡原理

效益主要包括两层含义，分别是时间范畴和质量范畴，二者的高低决定了效益的水平。平衡主要是指时间与质量来体现体育运动的价值和意义。对效益进行评价时，不同的角度和主体会使用不同的评价标准，标准不同其评价的结果就会有很大差异，所以这种评价标准是相对的。

高校体育教学发展的过程中，效益平衡原理发挥着重要的作用。高校体育教学效益平衡原理就是在某一时间段内完成某一体育教学任务，并且能够保障高校体育教学任务的质量。高校体育教学任务的多少直接影响效益平衡能否实现，由于高校体育教学任务具有不可调整性，所以高校体育教学中的参与者一定要在规定时间内完成设立的体育教学任务。

在高校体育教学中，实现体育教学课程目标是一个循序渐进的过程，每一个小的教学任务和教学目标实现后，还会有大的教学任务和教学目标。因此，这就需要在追求效益的前提下，最大程度地提高质量、节省时间，从而实现教学任务的效益。

如在运动场进行足球训练教学时，如果前一个运动技巧没有掌握，那么后面的技巧教学就无法进行。足球运动的技术教学，效益平衡不仅适用于某一动作技术的学习和掌握，而且在整个足球课程讲解的过程中也能得到广泛应用，所以效益平衡原理对新时代高校体育教学产生着非常大的影响和作用。

二、学习认知原理

学习认知原理是研究由经验引起的变化，是一种学习理论，是现代高校体育教学的一个非常重要的理论基础。

人的成长过程是一个由浅入深的规律性认知活动，人们对新事物的了解和认识、对技能或知识的学习，都要经过由表及里、由简到繁的阶段。

高校体育教师开展教学时，教师主要有两方面的作用：一方面对学生的体育运动进行指导；另一方面向学生讲解和传授体育运动中的体育知识和体育技能。所以，在整个高校体育教学过程中，高校教师可以提高学生的认知能力。大量的研究发现，高校学生运动水平的高低与认知方式的变化存在一定的正相关性，让高校学生参加专项认知训练有利于提高其运动水平。

高校学生接触新的体育内容时，会产生自己独特的认识、感受和体会，形成独有的学习习惯和学习规律。其中，教师作为指导者要充分了解学生的学习规律，遵循这些学习规律，提高学生对新知识的学习兴趣，建立体育知识与运动技术表象之间的固有关系，这样才能有效提高高校学生的体育运动技能。

三、循序渐进原理

所谓循序渐进，主要是指高校体育教学必须结合学生的学习认知、刺激适应的客观规律，逐渐增加运动量和运动强度，并最终实现学生体育理论知识、身体素质和运动技能的发展和提高。

循序渐进的内涵就是在具有一定运动强度刺激的基础上，使高校学生的机体实现某一层次的适应，通过这一层次的适应运动，再进行运动刺激使机体进入下一阶段的适应，如此循环渐进，从而实现运动技能的发展和提高。在高校体育教学中，学生的体育理论知识的学习和运动技能的训练都是一个循序渐进的过程，不可能一蹴而就，需要长期的学习和训练才能发展并提高。

在进行体育运动训练时，学生运动水平的提高是由机体的神经系统通过对运动系统及其他内脏循环系统反复多次调节而形成的适应性反应。这种适应性的形成过程非常复杂，需要通过长期的训练才能完成，学生运动技能水平的提高也是长期参加训练的结果。因此只有坚持长期参加训练，才有可能取得理想的训练效果，从而实现运动水平的发展和提高。

在运动训练实践中，高校学生运动水平的提高并不意味着身体素质一定得到了增强，反而会在一定程度上打破机体原有的生理平衡，因此高校学生必须要坚持循序渐进的原理，让机体在健康的情况下逐步形成新的生理平衡，如此才能有效地提高身体素质，提高运动技能。需要注意的是，在高校体育教学与运动训练中，循序渐进原理非常重要，要时刻遵守。

四、刺激适应原理

刺激适应原理是高校体育课程的一个非常重要的规律，这一规律是基于运动生理学的角度对高校体育教学的研究所提出来的。

所谓刺激，就是指通过一定强度的运动形式使运动参与者能够接受某一种训练，并且能够保证一定的训练效果。有效的运动刺激能提高高校学生在整个运动训练过程中机体机能的适应能力，该适应能力一般包括机体能源储备能力、机体调节能力和机体防御能力等。高校体育教学的过程就是在高校学生基础体能和技能水平基础上，提高学生专项体能和运动技能的过程，而刺激就是这一过程的起点。

可以说，科学有效的刺激能在很大程度上提高运动训练的效果，这就要求高校体育教师要全面把握不同学生的身体情况，安排好运动负荷，针对学生的具体要求制定合理、有效的训练解决方案。

所谓适应，就是在一定运动强度的刺激下，逐渐使学生能够提升某一运动技能的水平，这种适应具有一定的阶段性和层次性特点。首先，在最初的技能学习阶段，即刺激阶段，学生的机体需要接受来自多方面的各种刺激；其次，在科学合理的运动负荷刺激下，学生机体内部各器官和运动系统的功能产生一定的兴奋，并将兴奋传输到机体各个器官中，最后使整个机体都进入运动状态；再次，随着高校体育教学活动的持续进行，学生机体的器官和系统持续接受刺激，并持续对这种刺激做出反应，使学生的身体机能进入良好的工作状态，随着运动训练的持续进行，当学生机体不能承受更大的外部刺激时，就表明学生机体已经适应了当前的运动刺激；最后，如果高校学生能坚持体育运动锻炼，就能在全面增加运动刺激的基础上，产生明显的身体结构和机能方面的改造，促进身心的完善与协调。

刺激适应原理在高校体育教学中的应用非常广泛，以篮球教学为例，篮球有很多技术动作，如扣篮，扣篮技术对人的要求较高。对于不同层次的学生来说，要实现扣篮这一技术，不仅存在阶段性，还表现出明显的层次性，不同学生的扣篮技术之间存在着明显的差异性，主要是运动训练中对技能训练适应的程度和阶段不同，因此对运动技能的表现也不同。特别需要注意的是，学生良好的机体适应是建立在科学训练基础之上的，如果篮球运动训练不合理，学生身体的某些机能就会出现一定的衰竭症状，是非常不利于教学与训练活动进行的。因此，为了实现既定的训练目标，必须要对学生机体施加有效的刺激，合理安排运动负荷。

刺激适应原理要求高校体育教师在体育教学过程中，严格遵循学生机体适应刺激的变化规律，合理把握和安排运动负荷，以提高高校体育教学的质量和效果，从而促进高校学生身心的全面发展。

五、超量恢复原理

超量恢复原理是关于运动时和运动后休息期间能量物质消耗和恢复过程的学说。

在高校体育教学中，学生参加运动训练后，机体各种机能的恢复和超量恢复不是同时发生的。对人的机体来讲，机体的不同器官有着不同的恢复速度。首先是大脑和神经中枢的恢复，其次是心血管系统的恢复，最后是肌肉和心理的恢复。另外，机体不同能源物质的恢复速度也不同；不同训练水平的运动员恢复的速度也不同。一般情况下，训练水平越高，恢复速度越快，训练水平越低，恢复速度越慢。

在高校体育教学实践中，学生参加运动后机体各种机能的恢复和超量恢复程度也是不同的。通常来说，超量恢复主要受人的疲劳程度、运动量的大小和营养供给等因素的影响，而运动量的大小则是影响超量恢复强弱的重要因素。一般来讲，运动机体的运动量越大，人体内各器官和肌肉的功能动员的就越充分，能量物质消耗的就越多，超量恢复也会越显著。

在超量恢复原理指导下，高校体育教师在进行体育教学活动过程中应注意以下几点要求。

（1）通常情况下，运动时间短，运动强度不大，运动机体不能产生较大的反应，超量恢复不显著。

（2）在反复进行训练时，高校教师要指导学生掌握好间歇时间。间歇时间要适当，不能太长或太短，太长或太短都会对学生的身心健康与运动技能的提高产生不利影响。

（3）高校体育教学活动中，运动负荷的确定应根据不同学生的特点和运动水平制定，如运动后的心率达到 145 ～ 165 次/分钟，可以等到心率恢复到 100 ～ 125 次/分钟时，再进行下一次运动较为合适。

第二章 高校体育教学的发展与改革

当前正是我国高等教育改革的关键时期，为适应我国对综合型人才的需求，积极推进素质教育已经成为我国高等教育的必然选择。加强体育教育是高校素质教育顺利实施的重要手段，新形势下，必须积极推进高校体育教学改革，充分发挥体育教学的素质教育功能，以此促进素质教育的实施和发展。同时，素质教育对于今天的体育教学改革也有着重要的启发和借鉴意义。

第一节 我国体育教学的历史变迁与发展现状

一、我国体育教学的历史演变

中华人民共和国成立初期，我国的学校体育全面学习苏联的模式，将以体育技能传授为主的“三基”目标作为体育教学的最高目标，对西方的自然主义体育理论进行全方位的批判，彻底否定了自然主义体育思想和体育的娱乐性。

1978 年，教育部、国家体委以及卫生部对学校体育的教学大纲进行了修改，虽然与之前的大纲没有很大的差别，但是在强调“三基”的同时，开始重视增强学生的体质。

在 20 世纪 80 年代后期，随着社会的进步，人们的思想越来越开放，并且高校体育的科研活动越来越活跃。此时，学校体育得到了空前的发展，扩展到了社会的各个领域，并且呈现出了多种功能。

1986 年，我国对体育教学大纲进行再次修改，把增强体质作为体育教学的主要任务。但是，由于将唯生物体育观作为学校体育教学的主要指导思想，不可避免地将体育教学变成既单调又机械的体育训练，使得学生失去运动的动力以及学习的兴趣，严重影响了学生的全面发展。

社会在高速的发展，人们的生活方式也在发生翻天覆地的变化。体育对人们的生活质量、健康水平、人际关系等方面具有十分重要的影响。因此，从80年代后期到90年代，我国体育教育在学生的体育运动能力的培养、学生个性的发展、学生终身体育习惯的养成等方面进行了改革。为了促进这次改革，在1988年对体育教学大纲又一次进行了修改，经过再次修改后的教学大纲正式增加了培养学生体育锻炼的兴趣、促使学生养成终身从事体育运动的习惯以及提高学生体育文化素养等内容，使我国学校体育在以增强学生体质为主的同时，向着多目标、多功能方向发展。

1999年全国第三次教育工作会议提出了“素质教育”的理念和“健康第一”的指导思想，在2000年，中国正式开始了体育课程改革。此次体育课程改革，在指导思想和教学内容方面都发生了翻天覆地的变化，新的体育与健康课程标准以发展的观点提出了五个领域目标，即运动参与、知识技能、身体发展、心理发展、社会适应。这五个目标领域比之前的“三基”任务更加明确、完善、具体。在培养人才方面，有利于学生身心健康的发展，有利于学生个性的张扬，更有利于现代社会教育以及未来社会的发展。

综上所述，我们可以把中国体育教学模式划分为几个发展阶段：

第一阶段：20世纪50年代，仿照苏联体育教学模式，以“三基”作为教学目标的教学模式。

第二阶段：20世纪60—70年代间的混乱时期刚结束后一段时期，以增强学生体质和“三基”相结合的一体化型教学模式。

第三阶段：20世纪80年代，受科学主义影响，推行唯生物观的体育教学改革。

第四阶段：20世纪90年代以后，以三维体育观为指导的多种教学模式的探索。

二、我国高校体育教学的现状分析

近几年，我国的体育教学改革正如火如荼地进行，此次改革主要是将人本主义精神贯彻到身体、健康、娱乐、经济等作为体育教学改革的目标中，虽然这次体育教学改革取得了一定的成绩，但是与21世纪人人才所提出“知识、能力、素质全面发展”的目标仍一些差距，所以体育教学改革这条路还需要持续走下去。

我国高校体育教学改革需要根据现实情况而定，如图2-1所示是我国高校体育教学的现状分析。

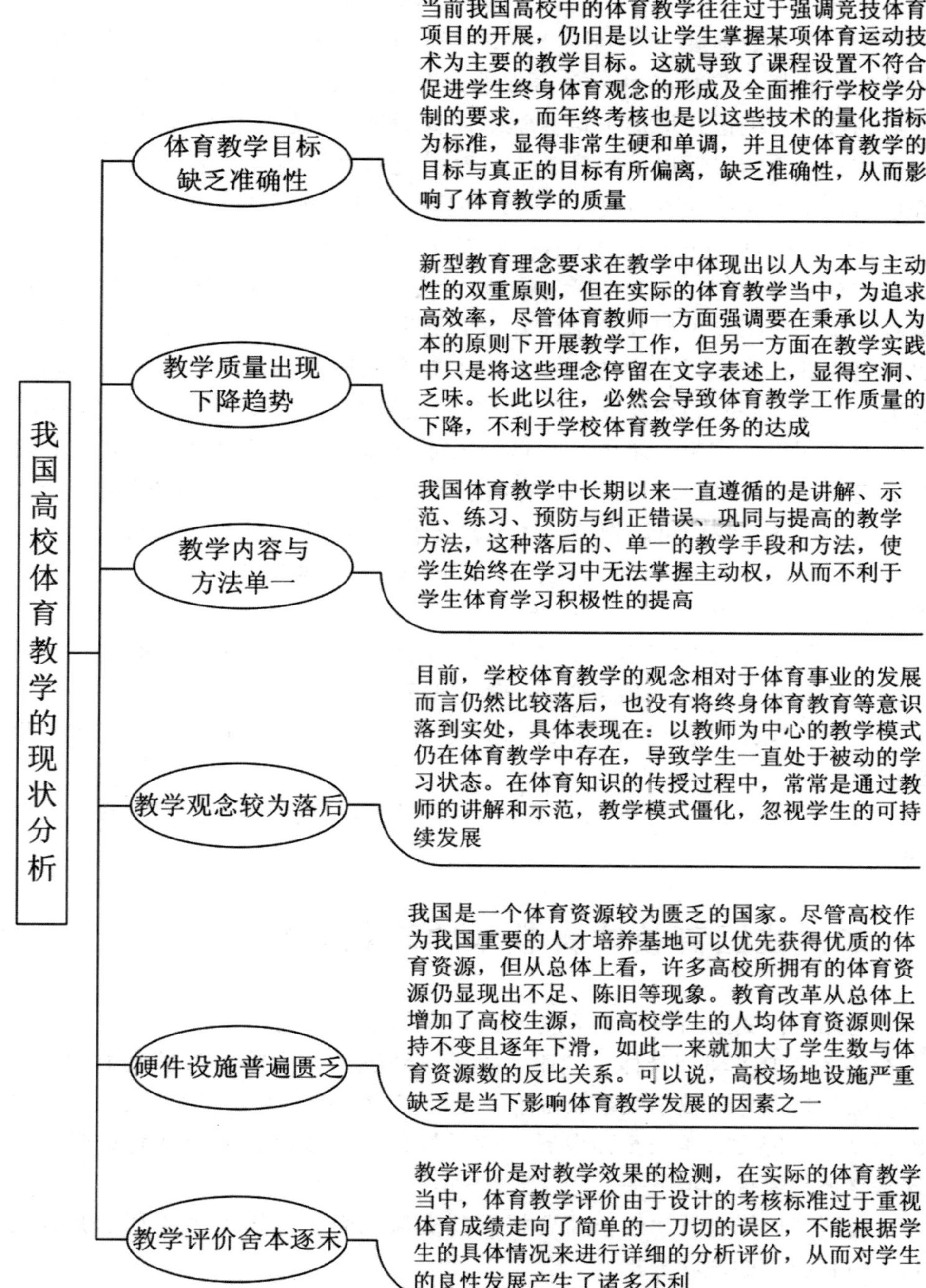

图 2-1　我国高校体育教学的现状分析

三、我国高校体育教学的发展趋势

科学技术的发展带动社会的发展。现如今，每一种生物的发展都离不开相应技术的进步，对于高校体育教学的发展也是一样的。当然，教学理念的进步对于高校体育的发展也是很重要的。所以，科技的发展与教学理念的进步是影响高校体育教育发展的重要因素。

在目前的环境当中,高校体育教学的发展趋势在以下几个方面都有所体现。

（一）更加重视发展高校学生的健康素质

通常情况下，体育教学和锻炼对增进和保护高校学生的身体健康有积极的作用。所以，高校体育教学应该建立在健康观的基础上，对高校学生贯彻“健康第一”的指导思想，来深化高校体育改革。如图 2-2 所示是高

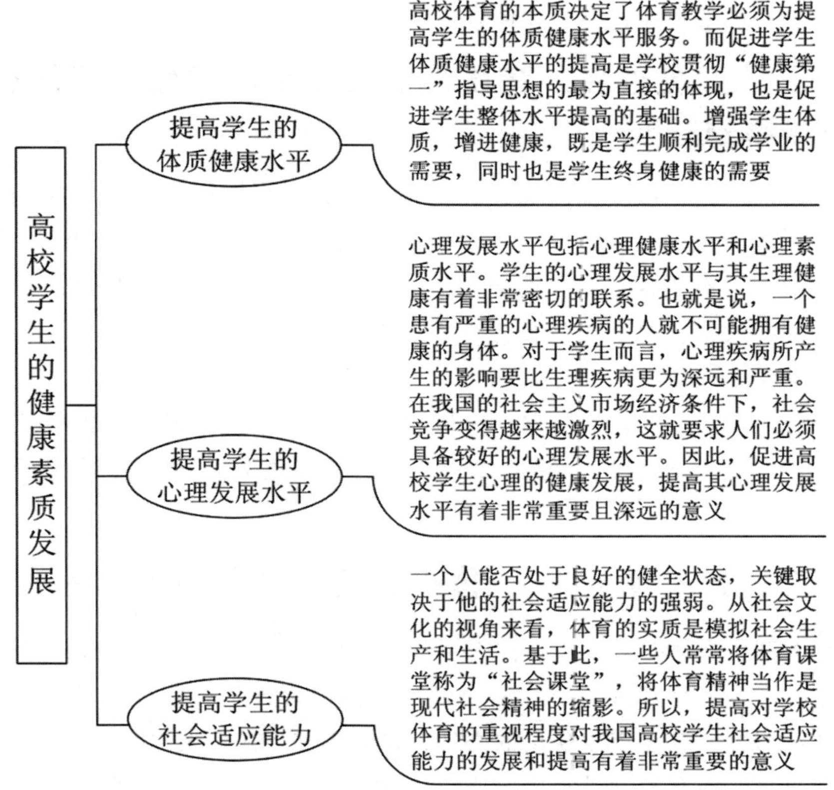

图 2-2　高校学生健康素质发展

校学生健康素质发展的需求。

（二）更加注重向高校学生灌输“终身体育”的意识

在体育教学改革的实践中，大部分的学校还只是注重学生在近期身体素质是否得到增强，而忽略了学生体育意识、兴趣、习惯和能力的培养，如果想要学生一生伴有健康的身体素质，那么就要培养学生的终身体育意识让其伴随终生。所以，高校体育教学既要重视近期效益，也要重视长期效益。为了加强对学生终身体育的教育，需要培养学生终身锻炼的意识，让学生掌握科学健身的方法与知识，并且具有独立进行科学锻炼的能力。

随着社会的发展，人们的生活质量有了明显的改善，而且体育在人们日常生活中得到的关注也越来越多。为了适应社会的发展，高校体育必须重视对学生终身体育意识的培养，这在未来必然会是一种发展趋势，并且终身体育观念的形成，与高校体育教学有着密不可分的关系。

（三）重复过多、竞技性过强、脱离学生实际的教材内容将得到改变

到目前为止，虽然我国高校体育发展得还不错，但是还有很多问题是不能忽视的，比如，在教学中有很多内容和现实生活是没有任何联系的，而且很多内容都是重复的，所使用的教材在内容上明显存在缺陷，难以满足学生的需求，这对学生的积极性有着严重的影响，而且对教学目标的实现也是非常不利的。

因此，在未来的教学内容中应该添加一些学生感兴趣的、能够突出健身效果的体育基础知识、健身方法和项目，以此来培养学生的终身体育意识。

（四）过于规范化、一体化的教学组织管理将得到改变

很多高校在体育教学中往往需要学生按照教师的要求进行统一的行动，这种统一化的教学形式把一些有个性的学生给埋没了，还会降低学生对体育课的积极性，甚至产生逆反的心理，这样不利于体育教学活动的开展。

在未来的体育教学过程中，应该改善原有的统一化教学形式，保证学生有足够的时间和空间，让学生在轻松、自在的环境下学习。

（五）注入式、训练式的教学方法将得到改变

体育学习和其他科目的学习在方式方法上是有所区别的。只有掌握了具体的方式方法才可以把体育这项科目学习得更好，所以，体育锻炼时一定要在掌握其原理的基础上进行，这样可以避免方式的不对造成的伤害，还可以达到锻炼身体、锻炼身心的目标。因此，当学生全身心地投入到体育学习时，才能够发现体育的真谛以及体育带来的乐趣。而注入式、训练式的教学方法只是让学生被动地学习，而且离开教师后就不会主动去学习，长期下来，身体锻炼的效果一点都体现不出来。

由于受传统思想的影响，教师对学生学习的方法重视程度不够，而且很难区分学生的认知水平以及个体差异，很难对学生的学习过程以及学习结果做出正确的评价。所以，让学生做学习的主人，减少注入式、训练式的教学方法，让学生通过自主学习，培养良好的学习习惯，这对于教学质量的提高有显著的影响。

四、我国高校体育教学发展的对策

（一）将终身体育作为体育教学发展的指导思想

终身体育就是把体育融入自己的生活当中，并且伴随自己一生。而且终身体育是当前高校体育教学中非常重要的一个理念，这种理念可以有效促进我国体育教学的发展。

在体育教学中，树立终身体育观念不仅是体育教学目标改革的指导思想，同时也是高校体育教学发展的落脚点，终身体育的最终实现在很大程度上取决于这种观念是否树立和能力是否形成。当下，树立终身体育的观念要求教师正确引导学生科学认识和理解体育的价值，端正学习体育的态度，积极学会体育锻炼的技能，掌握体育锻炼效果评价的方法，形成终身体育能力，为终身体育锻炼奠定基础。

（二）以课程目标调整为体育教学发展的重点

经研究发现，增强学生体质和提高学生的身体健康水平依然是体育教

学的首要目标，这也是体育教学的本质属性所决定的。所以，在之后的教学中要根据这一目标来调整教学的重点。下面就从两个方面对这一点进行简单的讨论。

其一，要非常重视学生的个性发展。学生作为体育教学中的主体，体育教师应该将学生的个体发展作为促进当前体育教学发展的重要切入点，积极地培养学生的竞争意识和创造能力，以此来不断地促进学生个性化发展。

其二，教师要重视学生在学习时掌握的方式方法。构成学生体育素养有三大要素，分别是体育的知识、技能和方法。所以，掌握好这三大要素能够为学生今后进行体育锻炼奠定良好的基础。

（三）以丰富教学内容为体育教学发展的主要途径

丰富体育教学内容、实现体育教学内容的不断创新是促进体育教学发展的重要途径，这就要求高校体育教师在教学过程中应该重视以下几方面，如图 2-3 所示。

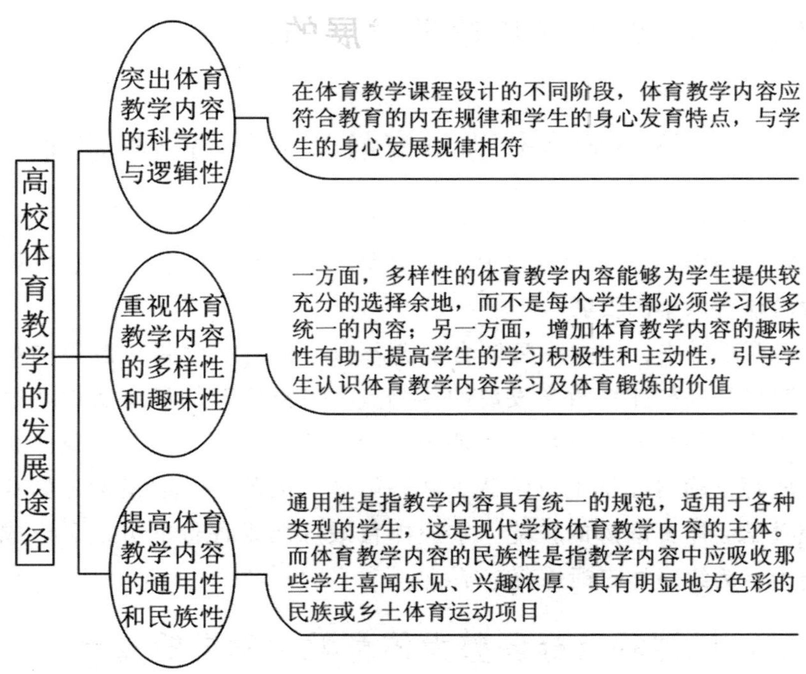

图 2-3　高校体育教学的发展途径

（四）建立综合性的体育教学体系

学生是体育教学的主体，因此体育教学应该围绕促进学生的全面发展建立起综合性的体育教学体系。这种体系的建立应该同时满足两方面为前提，分别是学生个体的发展需要和社会需要。从某种情况来说，社会需要就是个体发展的需要，所以，两者之间存在某种辩证统一关系。而从体育的角度来说，应通过体育教学促进学生个体身体素质的全面发展和良好心理健康状态、个性心理特征的形成，使学生发展成一个融知识、品格、能力为一体的综合性人才。

第二节　素质教育与高校体育教学改革的关系

一、高校体育在素质教育中的地位与作用

（一）高校体育在素质教育中的地位

一直以来高校体育在实施素质教育中都起着举足轻重的作用，这一点在以下关于体育重要性的相关决策及法律文件规定中得以体现，如图 2-4 所示。

素质教育包含的内容非常多，分别有身体素质教育、心理素质教育、政治素质教育、思想素质教育、道德素质教育、业务素质教育、审美素质教育、劳技素质教育八方面内容，所以说，素质教育又被称为全面发展的教育。其中良好的身体素质是培养与发展其他各方面素质的物质基础，而增强学生身体素质的重要手段就是高校体育教学的实施。通过高校体育教学的实施可以让学生掌握最基本的运动技能，引导学生积极参加体育锻炼的兴趣，养成良好的锻炼习惯和终身体育锻炼意识，促进学生形成强健的体魄、百折不挠的意识品质以及形成良好的生活习惯。所以说，学校体育在素质教育实施的过程中担负着重要使命，是实施素质教育的重要内容，占据着至关重要的地位。

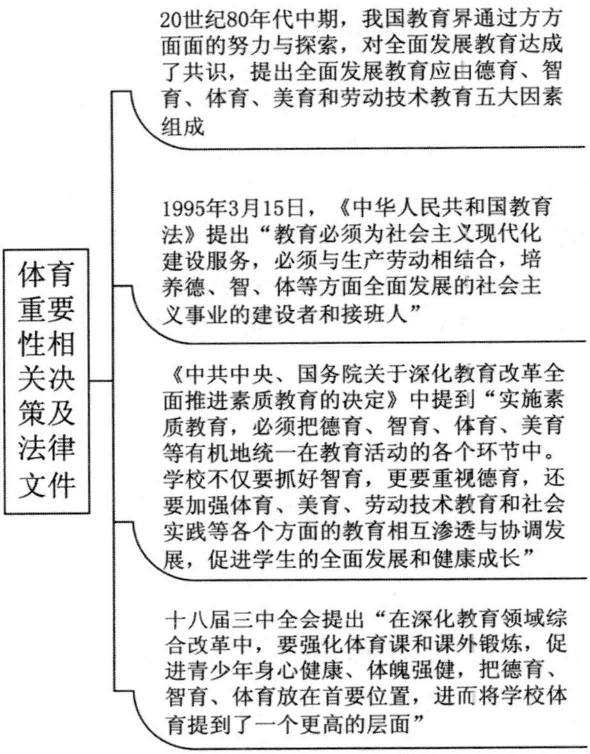

体育重要性相关决策及法律文件

- 20世纪80年代中期，我国教育界通过方方面面的努力与探索，对全面发展教育达成了共识，提出全面发展教育应由德育、智育、体育、美育和劳动技术教育五大因素组成
- 1995年3月15日，《中华人民共和国教育法》提出“教育必须为社会主义现代化建设服务，必须与生产劳动相结合，培养德、智、体等方面全面发展的社会主义事业的建设者和接班人”
- 《中共中央、国务院关于深化教育改革全面推进素质教育的决定》中提到“实施素质教育，必须把德育、智育、体育、美育等有机地统一在教育活动的各个环节中。学校不仅要抓好智育，更要重视德育，还要加强体育、美育、劳动技术教育和社会实践等各个方面的教育相互渗透与协调发展，促进学生的全面发展和健康成长”
- 十八届三中全会提出“在深化教育领域综合改革中，要强化体育课和课外锻炼，促进青少年身心健康、体魄强健，把德育、智育、体育放在首要位置，进而将学校体育提到了一个更高的层面”

图 2-4　体育重要性相关决策及法律文件

（二）高校体育在素质教育中的作用

高校体育是素质教育的核心内容，并且为我国体育建设事业培养了大量的人才。高校体育还可以促进学生身心发展，增强体魄，让学生更好地完成自己的学习任务。

1. 高校体育有助于促进学生体魄强健、身心健康

一个国家综合国力的强弱体现在青少年是否具有强健的体魄，也是青少年美好未来的基础保障。所以，所有高校的体育教学基本都是以增强学生体魄，促进学生身心健康发展为目标。高校体育也是保障提高国民素质、健全人格的重要媒介和基础。高校体育为了能让学生适应现代生活方式，始终培养他们终身体育锻炼的习惯，以此为基础来提高他们的生活质量。

2. 高校体育有助于培养学生崇高的思想品德与坚强的意志品质

高校体育不仅能培养学生终身体育锻炼的意识，还能培养学生的道德

品质。关于道德品质的培养有一些项目是非常合适的，比如，田径比赛能够锻炼学生勇敢顽强、坚毅等品质；平常的体育锻炼和对抗赛能够促进良好的运动氛围，有利于培养学生的道德行为。所以，学生在体育锻炼时应该把自己的不良行为进行克制和约束，把积极向上的一面展现出来，为自己培养道德品质打下良好的基础。

3. 高校体育有助于发展学生的感知思维能力

高校体育不但可以增强学生的体质，还可以促进学生智力的发展。科学实践证明，只有不断地锻炼身体，人的大脑皮层细胞才能够增加活泼的强度、均衡性和灵活性。学生的身体健康和智力是有密切联系的，健康的身体能够促进智力的发展，所以说，通过体育可以锻炼出强健的身体，就相当于促进了智力的发展。体育本身也属于科学文化知识的范畴，强健的体魄能够为我们掌握文化知识提供坚实的基础，这也是人才成功的关键所在。通过体育运动，学生可以提高自身感知能力的敏锐度、灵活的思维、超强的想象力、良好的专注力。这一切都能促进学生智力开发，从而有利于学生学习能力的养成和对科学文化知识的运用。

二、高校体育教学在素质教育背景下改革的必要性

在素质教育背景下，高校体育课程占据着重要的地位，而且随着素质教育的改革，体育课程的指导思想发生了巨大的变化，由于很多高校在体育教学时只是为了追求教学的形式与标准，将技能培养当作主导思想，长期下来，这样肯定是不行的。为了满足素质教育背景下的新时代教育标准，高校体育教学一定要进行改革，为教育向着更高层次发展提供助力。

（一）高校体育教学理论与实践教学脱节，需要进行改革调整

目前，在高校体育教学中，主要采取的是实践教学模式。在教学形式上，教师大多直接采取体育运动实践教学的形式．例如，高校篮球选修课上，学生无需任何教材，直接前往篮球训练场地即可，教师带领学生开展篮球运动实践教学，但是这种体育训练更多的是一种模仿训练，缺乏有效的理论指导，导致教学中理论教学和实践教学的脱节。对此，高校必须要

改革体育教学模式，弥补体育教学理论和实践的脱节现象，从而不断优化教学课程结构，实现理论与实践教学的有效衔接，相互促进。

（二）高校体育教学内容不够深入，需要进一步深化教学改革

目前，大学阶段的体育课程开设主要是针对大一、大二学生开展的，总共两个学年度。体育教学内容只停留在比较肤浅的表面阶段，并没有深入的教学内容和体系构建，以至于学生两学年学习下来，并不能掌握比较专业的体育运动技能，只是对某项运动有一定的了解，能够进行一场水平不高的比赛。而且在这两学年身体素质锻炼仅仅发挥出微弱的效果，这说明高校体育教学没有注重学生体育素养的提升，高校体育教学锻炼学生心理素质、提升学生道德认知等方面也没有取得明显成效。所以，强烈呼吁要实现大学生身心健康成长，在培养学生德智体美劳全面发展的人才培育背景下，开展体育教育改革是必然要求。

三、高校体育教学改革的有效实现途径

（一）开展需求为导向的课程内容改革

当前，由于高校自身条件的限制，可能无法提供多样化的体育课程教学服务，而且根据高校的学生人数，开展多样化的体育课程教学可能会造成一定的资源浪费。因此，在新时期，高校的体育课程设置可以学生需求为导向，对学生的意愿进行调研，总结分析学生的体育运动喜好，从而为他们开展形式多样的体育运动教学课程，实现课程设置的对口，提升课程设置的有效性。

（二）营造良好的体育运动氛围，促进学生养成良好的体育运动习惯

现阶段，高校要进一步完善体育运动的文化氛围，需要通过宣传教育和各类体育活动的开展，在校园内营造良好的体育运动环境，促进学生自主自愿的开展体育运动活动，养成良好的体育运动习惯，弥补体育课程教

学时间不足的问题。让学生自主开展体育运动锻炼，能够提升学生自己的综合体育素养。

（三）强化教师培训，提升教学水平

在高校体育课程改革中，提升体育教师教学水平也是至关重要的，而且还能够推进高校体育教育工作。全面提高体育教师的业务水平和专业技能，丰富体育教学内容，提升高校体育教师理论教学、实践教学能力，为高校下一步更好地开展体育训练、比赛工作以及提升学生体质奠定良好的基础。教师教学技能提升还应包括对于课程教学的深入解读，不仅要提升体育教学的身体锻炼功能，还要提升教师在体育课程中为学生提供心理素质训练和道德精神训练的能力，让教师将体育课打造成能够促进学生体育素养全面发展的优质课程。

总之，在素质教育背景下，高校体育教学改革势在必行，以此促进高校体育的理想育人目标实现。

第三节　素质教育背景下高校体育教育改革的问题与对策

一、素质教育背景下体育教学存在的问题

在素质教育背景下，我国体育教学改革存在着一些问题，主要体现在以下几个方面。

（一）课程设置多样性不足，无法满足学生多样化体育学习需求

目前，学校体育开设的课程中，大多是比较常规的体育运动项目，主要包括球类运动、田径运动、跳高运动、健美操运动等，可供学生选择的空间较小。出现这种情况主要有两方面的原因：一方面是因为学校体育课程设置的不够合理；另一方面是因为学校体育缺乏师资队伍。开展多样化的体育课程需要配备更多的师资，这对于一些学校来说有点不切实际。

（二）课外训练不足，运动时间有限

当前学校体育课程主要分布在大一、大二阶段，一般为每周两个连续的课时，由于一些户外的体育课程项目一旦遇到不良的天气状况，就可能随时取消，改为学生自由活动，这样学生的运动训练时间就会变得更少。有时候学生进行体育运动活动，兴致刚起就下课了，加上教师对于学生课后的体育运动训练并没有设置要求，能够自主运动训练的学生几乎没有。所以，体育运动时间不足是造成体育教学成绩不理想的一个重要原因。

（三）师资水平有限，教学质量有待提升

目前，在学校体育教学中，高素质的体育教师屈指可数，并且一些学校的体育教师是运动教练兼职的，也有一部分是其他课程教师兼任的体育教师，这样的体育教师团队在教育理论和运动专业性方面的知识储备明显是不足的，所以就导致了体育教学无法实现专业化，学生体育运动得不到有效指导，更不用说开展深入的体育教学了。

二、素质教育背景下高校体育教学改革存在的问题

当前，高校体育教学越来越受到重视、关注和支持，体育教学的师资力量、教学设备、教学设计等都在朝着稳定有序的方向逐步发展，但是高校体育教学的改革还在不断地深化和创新之中，对广大高校体育教学的研究者和教学者来说，高校体育教学改革中仍存在着一些问题。

（一）在体育教学改革的进程中，教学理念与观念的创新往往是重要的前提

在传统的体育教学观念中，体育教学长期处于被忽视的地位，教学的观念也主要是通过运动刺激的方式来促进学生的体育素质增长，这种教学观念与方法已不能适应当前体育教学的改革发展。在高校体育教学改革中，教师应当积极打破传统教学观念的束缚，以开放的胸怀主动去学习和引进现代化体育教学的新理念和新方法，确定创新环境下体育教学改革的目的、宗旨和发展趋势。体育教学改革中的理论创新是实践创新的前提准备，只

有在教师和学生正确认识和理解体育教育意义和价值的情况下，体育教学的课程改革、教学模式改革、教学管理改革等才能够更顺畅地得以实行和实现。不仅如此，随着世界体育运动项目和体育文化的进一步发展，体育教学迎来了许多新观念、新现象和新运动事物，对这些理论的梳理、研究也是当前高校体育教学改革中必不可少的重要部分。

（二）高校体育教学改革中的课程设置还需要得到进一步的优化

在体育教学改革的过程中，高校迫切需要对传统教学中的一些弊病进行改革和创新，细节上的诉求往往走在前头，而深层次的研究和整体性的改革却显得相对滞后。在此背景下，课程设置的改革优化成为当前深层次领域改革中最主要的一个环节，它关系着高校体育教学改革能否把握好教学改革的整体方向。从当前体育课程的设置情况来看，高校体育教学的内容很多，也引入了不少创新性课程，但也因此产生了课程多而不精的现象。学生在体育课程中的学习极容易浮于表面，尽管满足了学生对体育的好奇心和兴趣，却没有引导学生透过体育运动的表象去深刻理解体育教育的核心精神，也没有真正地实现体育素质的提升和体育能力培养。所以，在改革的过程中，高校体育课程改革需要得到进一步的优化。

（三）高校体育教学改革中的师生关系还需要得到进一步互动

在教学改革进一步深化的实践中，教师与学生之间的关系也迎来新的变化，以教师为中心的传统教学模式逐渐被打破，学生的主体地位得到了充分强调。对学生来说，学生在体育教学活动中是体验者、学习者、思考者，他们的主动性和积极性决定了他们能够在体育教学中收获多少。对教师来说，现代体育教学改革正在朝着研究性的教学模式发展，树立了新型的以学生为主体的学习模式，要求教师引导学生在课程教学中去思考和总结，让学生在体育理论与实践的亲身体验中开阔自身的体育视野，锻炼自身的体育意志，全面提升自身的体育素养。除了尊重学生主体地位之外，教师还要加强体育教学中师生关系的互动，及时地指导和帮助，让学生能够正确地投入体育教学活动当中，避免学生在不当的体育学习和体育训练中走入误区，甚至导致不必要的受伤。

总之，在实际改革过程中，高校体育教学应该瞄准改革的总体目标，全面进行理论创新、课程设置和师生关系等各环节的不断优化，展开更加科学化、开放化和实效化的体育教学活动，让体育教学改革能够在不断地发现问题和解决问题中持续发展，获得更大的进步。

三、素质教育背景下深化高校体育教学改革的对策

（一）明确体育课程中的指导思想与发展目标

高校体育教学中要树立正确的“终身体育”思想。终身体育是终身教育内涵的扩展和延伸，是终身教育发展的必然。随着高校体育向多元化方向迈进，培养学生终身体育意识是非常重要的，只有掌握了正确的体育锻炼方法和方式，才能够促进学生个性与身心上的健康发展。体育教学目标包括四个基本目标，即社会目标、技能目标、认知目标与情感目标。然而，在体育教学目标中，占有重要位置的是认知目标，如果学生的认知目标在形成时发生转变，那么学生的学习态度就会发生变化，最终导致情感目标难以得到实现。

（二）高校体育教育向着多元化和现代化的方向迈进

高校体育教学已经向着多元化和现代化方向发展，在这种方式的冲击下，传统教学方法受到很大的影响，并且现代的教师更加注重学生的个性发展，以及挖掘学生的学习潜能。所以，体育教学作为素质教育的一个重要内容，更应该重视教学内容的丰富性，以此来满足学生各方面的需求以及掌握各种运动技能。

（三）完善课程体系，合理安排教学内容

高校体育教学的内容要想引起学生的兴趣，必须要丰富多彩。教学课程的安排要协调好教学内容，而且普修与选修也要分配合理。只有这样，高校体育教学才能够让学生形成坚定的终身体育意识，以此来提高文化素养以及运动技能。

（四）增强学校基础能力建设，创建良好的锻炼氛围

增强学校基础能力建设，创建良好的锻炼氛围需要从以下三个方面进行讨论。

（1）提高教师的授课水准，并将教师队伍强化起来。组建一支优秀的教师群体，他们可以是一些有经验的运动员、有特殊技能的体育专业人士以及专职教师和部分兼职教师。并且在培养专业体育教师过程中，应该挖掘每位教师的潜力，提升教师的综合实力。

（2）加大力度培养专、兼职体育教师的能力，只有这样，才能提升他们的综合实力以及上课能力。并且高校要利用一些可以利用的条件为教师提供可以培养教学能力的培训服务，以此来不断加强体育教师的在岗能力。

（3）现阶段已经进入学校基础建设“全面改革”之中，所以各高校要根据自己的实际情况以及地域特点加强体育器材和场地建设，合理开发学校体育基础资源。体育器材和场地是保证体育课程有效过程的基础设施，只有这样，才能发挥出体育工作者的主观能动性，并创设出最适合的体育教学场景，以此来满足学生的课外体育锻炼以及体育课需求。

四、素质教育背景下的高校体育课程改革

（一）构建以“学生身心健康，体魄强健为本”的体育课程新体系

青少年是祖国的未来，其身体健康水平关系着整个国家的健康素质，也对人才的培养有着一定的影响。由于人才的培养必须从青少年开始，所以青少年的身体素质是至关重要的，而且青少年在接受新鲜事物时反应比较快，这就说明应该以青少年为基础构建“学生身心健康，体魄强健为本”的体育课程新体系。有相关学者表示，大学生在参加体育活动时有可能发生意外猝死事件，这基本与自己的身体素质有关，虽然这件事看起来有很大的偶然性，但也是可以预防的。在很多高校中，非体育专业的学生由于体育成绩占最后总成绩的影响不是很大，经常会忽略体育，使得非体育专业的学生身体素质越来越差，在体育活动时猝死的概率大大增加。所以，

高校学生应养成良好的锻炼习惯，并让这个习惯一直伴随着自己。如果没有良好的锻炼习惯，就靠一时的锻炼想要提高自己的身体素质，那简直是天方夜谭。总而言之，现在最重要的就是进行课程改革，建立一个科学的体育教育机制，并与国际接轨。通过改革建立的新体系，培养学生健全人格，增加社会责任感，促使学生综合发展。这样长期下来，学生体质下滑的情况肯定会遏制住，学生的身体素质会越来越好。

（二）厘清体育课程中的基本问题,明确课程改革目标

大量的数据表明，在课程改革的这段时间，准确的问题和清晰的目标是改革前进方向的指挥棒。而且在这段时期，我们要知道做了些什么？解决了哪些问题？所要面临的一些实质性问题都有哪些？只有这样，才可以根据改革的目标准确定位，量力而行，实事求是，并且在体育改革的过程中不能好高骛远，做一些我们力所能及的事。需要明确体育课程改革的目标和初衷要与素质教育发展要求相契合，只有这样，我们才能清楚地认识到体质健康是我国体育教育最重视的问题，而且提高国民体育健康是重中之重。俗话说“身体是革命的本钱”，只要有了健康的体魄，做什么事情都有干劲。所以，经过体育教学改革，抛弃掉那些跟不上时代发展的东西，让学生在体育教学的作用下健康成长，并使学生掌握最基本的知识技能。让学生养成一种终身体育的习惯，并加强体育锻炼，坚定“健康第一”的理念，只有这样，高校体育才能对学生身体健康、身体的正常发育发挥出积极的作用，促进学生身心健康、体魄强健、意志坚强，促进德育、智育、体育、美育有机融合，提高学生综合素质，促进学生的整体发展。

（三）以学生体质健康为主轴，合理构建体育课程

体育课程的建设必须要根据师生关系和教学的关系进行调整。由于每一所高校的教材以及教学的对象都不一样，在选择教材时要根据当地的实际情况进行，并且要以学生为载体，注重个人特点，使他们了解并认知运动的本质，提高其运动技能。从另一方面来看待这个问题，体育教学不仅可以使学生在课内得到有效的锻炼，还可以在课外得到锻炼，这样不但能让学生的技能得到提升，而且还能让学生走出校园后在一条适合我国现代教育发展的道路上越走越远。所以，在编写课程内容时要以学生的体质健

康为主轴，而且所编写的教材应该与身心健康发展相契合。

总而言之，新的体育课程建设一定是以学生的健康成长为主轴，而且这一点是始终不能改变的。不管是在校外还是在校内，都要为学生提供一份合理的、科学的、正确的锻炼方法，只有这样，才能让学生达到体魄强健、身心健康发展的目的。

（四）发挥体育课内外锻炼“主战场”作用，保证课程实效性

体育教学的改革就是为了培养学生健全的人格、强健的体魄。而且在体育教学改革中，一定是以学生的健康作为主线，并把一些体育技能传授给学生。首先，要发挥校领导的关键作用。因为确保体育课内外活动的实效性，既是体育教师的义务，也是全体教师和领导所不能推卸的责任。作为学校第一领导人，应该贯彻和实施教育部的各项方针，并对在校教师提供能力培训的机会，以此来提高他们的教学质量，另外，学校的领导还应该结合本校的实际情况，将本校有特色的体育运动项目与其他学校有特色的体育运动项目相结合，构建出丰富多彩、简单易行、效果显著的体育锻炼活动。除此之外，还应该保证每位学生都有充足的时间、能力和兴趣参加体育活动，确保每天锻炼一个小时。其次，学校的体育教师还应该认真地对学生进行考试评价，并把评价的结果记录在学生个人综合素质档案中，以此作为学生毕业时的重要参考，使体育课和课外运动锻炼发挥“主战场”作用，科学合理安排学习、生活、锻炼时间，提高学生体质健康水平，以及加强学生各方面体能素质锻炼。加强学校和社会的协调合作，共同创造学生爱锻炼、崇尚体育、积极进取的良好社会气氛，构建良好的民族体质健康实效机制。

第三章　高校体育教学内容、方法及教学环境

近年来，我国高等教学水平稳步提升，国家对高校体育教学的重视程度越来越高，对高校体育教学的理论研究也在不断深入，研究内容越来越多，为高校体育教学未来的发展奠定了稳固的基础。新时代教育背景下，高校体育教学的相关研究展现出繁荣兴旺的景象，也体现出我国高校体育教育越来越科学化。新时代高校体育教学丰富多彩，为了更好地开展体育教学工作，这里将重点研究高校体育教学内容、教学方法和教学环境。

第一节　高校体育的教学内容

时代在发展，社会在进步，高校教育水平也得到了较大提升。我国高校体育教学中，教学内容是高校体育教学重要的组成部分，扮演着极其重要的角色。教学内容是学生与老师之间相互交流的载体，可以帮助建立良好的师生关系。所有教学活动的开展都需要教学内容的指导，没有教学内容一切都是纸上谈兵，不会产生任何的实际效果。如果教学内容的选择不够科学，就会直接影响预期规划的教学目标，达不到预期想要的教学效果，最终无法完成制定的教学任务和目标。可以看出，高校体育教学中教学内容的地位非常重要，它对高校体育教学工作的开展具有很大的影响。

一、高校体育教学内容的基本知识

（一）高校体育教学内容的定义

为了达到高校体育教学目标而选择与运用科学的体育知识和技能体系，这就是高校体育教学中的教学内容。

高校体育教学工作开展中，教学内容的选择是按照现代高校教育的各种要求，总结前人的教学成果和实践经验，遵循制定的教育原则，从而在

丰富的体育教学理论中精挑细选形成一套科学的教学内容。我国高校体育教学中，教学内容是教师与学生之间重要的媒介，教师通过教学内容传授学生体育知识，它是师生之间信息交流的中介，发挥着重要的决定性作用。另外，体育教学内容对最终的教学质量和教学效果还起着关键性作用。

（二）高校体育教学内容的主要特点

随着高等教育的改革与创新，我国高校教学质量得到稳步提升，高校体育教学内容不断完善，教学内容变得越来越丰富，满足了在校师生的学习需求。在高校体育教学中，高校体育教学内容具有的特点得到充分的展现，其特点主要包括6个方面，如图3-1所示给出了教学内容特点的结构分析图。

（三）高校体育教学内容的分类依据与方法

1. 高校体育教学内容分类的主要依据

随着国家高等教育水平的提高，我国高校体育的教学内容变得丰富多样，相比其他学科的教学内容，高校体育教学内容的授课形式和社会功能具有多样性。要对丰富多样的体育运动项目与身体练习进行合理的分类，需要遵循下列基本要求。

（1）符合高校学生身心的发展规律。不同年龄的学生无论是在生理上还是在心理上，都具有鲜明的阶段性特点。高校体育教学内容的分类必须充分考虑学生的特点，如低年级体育教学的运动技能的维度目标主要是发展学生的基本活动能力。这一阶段根据学生的基本体育能力与游戏兴趣进行分类比较合理，这样既能提高他们的运动技能，又能培养高校学生的体育兴趣，有利于我国高校体育教学水平的发展和进步。

（2）有利于开展实践教学活动。对于高校体育教学内容的分类要有一定的科学性，始终坚持高校体育教学实践服务的学习理念，学习理论知识是为后期的实践奠定基础。对高校体育教学内容进行具体分类时，应便于高校体育教师在体育教学实践中对体育课程内容进行选择与安排。在高校体育教学中，体育教学内容的分类不仅要满足师生的课程要求，还要遵循体育发展的科学规律，最终通过实践活动来验证分类方法的合理性。

（3）应与体育教学方法和体育教学评价方法相联系。高校体育教学内

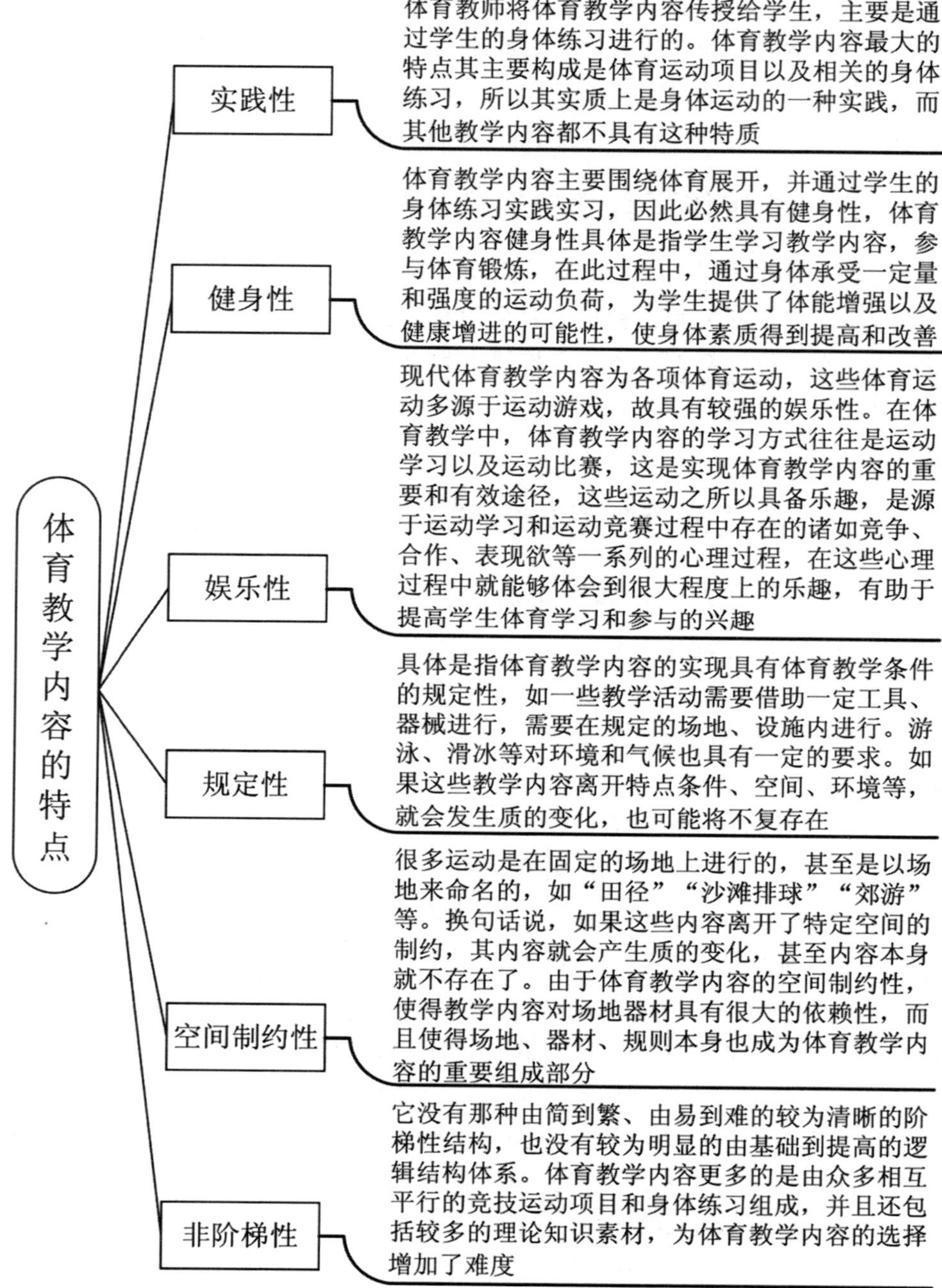

图 3-1　高校体育教学内容的特点

容的分类应与体育教学方法和评价方法相互贯通，成为有机的整体，此种分类方法有利于对高校体育教学做出更好的评价，即进行体育教学内容的分类要有系统的观念。

（4）符合教育价值取向。高校体育教学内容的分类应随着社会发展和国家教育方针的要求而不断变化，一成不变的高校体育教学内容的分类方法是不存在的。因此，对高校体育教学内容的分类应有与时俱进的发展理念。

2. 常见的高校体育教学内容分类方法

在高校体育教学中，运动项目种类繁多，使教学内容变得丰富多彩。在对高校体育教学内容进行分类时，常面临以什么样的逻辑进行分类的问题。正确地对体育教学内容进行分类，有利于更深刻地认识高校体育教学内容，并使之与高校体育教学目标协调一致。我国高校体育教学内容大多都是独立分散的，相互之间缺乏关联性，没有较强的逻辑关系，以及高校体育教学内容的随机性等特点，目前对于教学内容的分类并没有统一的分类方法。一般地，体育教学中体育内容的分类方法主要包括六种，如图 3-2 所示。

二、高校体育教学内容的发展趋势

随着我国高校体育教育的不断改革，体育教学内容呈现出多样化发展趋势，具体表现在以下三个方面。

（一）促进高校学生体育知识的全面发展

我国传统的体育教学中，教师讲解的内容只是单方面培养学生的身体素质，具有一定的局限性，不利于学生的全面发展。随着高等教育水平的不断提高，未来的道路上高校体育教学内容会呈现全面发展的趋势，不再是单一追求学生的身体素质，而是全面发展学生的身体素质、心理健康和社会能力，提高学生的综合素质，这样才能更好地适应各种体育环境。在教育思想、方针政策、体育目标、体育功能的影响和制约下，选择体育教学内容的范围也受到了很大的限制，这使得体育课曾一度成为以提高学生身体素质为主要目的的达标课。现如今，国家教育部非常重视学生的素质

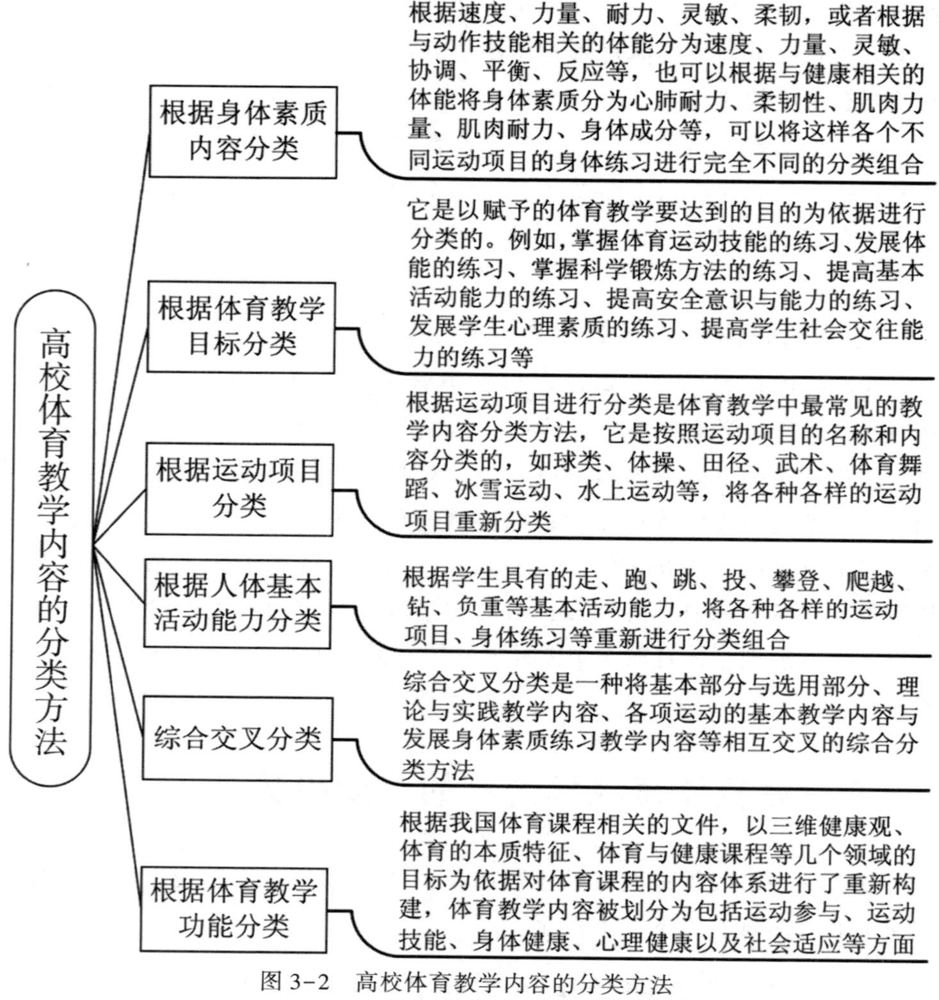

图 3-2　高校体育教学内容的分类方法

教育，推广力度不断增加，素质教育已经成为学生教育中非常重要的一部分。高校体育教学内容的选择要符合素质教育的实际要求，有助于高校学生的身体素质、心理素质和社会能力的全面发展，为社会培养更多的高端人才，从而满足我国体育事业的建设需求。

（二）注重培养学生的终身体育思想

终身体育思想是现代高校体育教学的重要指导思想，由于受到这种思想的影响，现代高校体育教学目标更加注重培养学生的终身体育教育。体育活动的参与者不分年龄大小，终身体育已经成为世界各国体育发展的理想目标，高校学生学习和掌握的体育知识与技能是能否实现这一目标的关键因素。所以，高校体育在未来的发展中，要合理调配运动文化和教材之间的关系，处理好二者的娱乐性、传递性和健身性，其中一些具有健身价值、终身运动性质的体育运动项目将被作为高校体育教学的内容。

（三）注重教学内容的选择性

高校体育教材大纲确定之后，在规划高校体育教学内容时，总是试图在具有极强综合性的体育学科中来寻找运动项目之间的逻辑关系，然后选取合理的教学内容并将其体系化，注意内容之间一定要有较强的逻辑性，但是我国高校体育教学内容正是由于缺乏这种逻辑性，导致体育教材的编制存在一定的困难。将来的体育教材大纲在对高校体育教学内容进行选择时，非常重视体育学科自身的内在规律，并且将具有娱乐性、健身性、科学性的体育素材及学生感兴趣的体育内容编排到体育课程当中，并且不同学段的教学内容和要求也有一定的区别，“选择性教学”将获得进一步的发展。

第二节　高校体育的教学方法

高校体育的教学方法是实现高校体育教学目标的重要手段，也是开展体育教学活动的主要途径，高校体育教学目标能否实现关键在于高校体育教学方法体系建设的程度。另外，高校体育教学方法具有的科学性和创新性对高校体育教学质量也有着重大的影响。综合分析来看，高校体育教学方法的重要性非常显著，这里将重点研究高校体育教学方法的本质、高校体育教学方法的组成要素、体育教学方法的性质与特点等内容，并对高校体育教学方法的选用和发展展开详细的讨论。

一、高校体育教学方法的基本知识

随着我国高校体育教学制度不断完善，高校体育教学方法也变得丰富多样，为了加深对高校体育教学方法的了解，将对其基本知识展开详细的探讨，主要包括体育教学方法的本质、组成要素、分类及性质与特点等方面内容。

（一）高校体育教学方法的本质

高校教学方法主要是指学生接受体育知识的一种运动形式和运动规律，学生要按照施教人员的要求进行训练。在研究高校体育教学方法的本质时，一定不能将其与训练场地、教学器材及教学手段之间画上等号。高校体育教学方法是对物质手段与方法手段的具体运用，而教学手段是指师生在教学过程中相互传递信息的工具、媒体或器材、场地与设施。教学方法与教学手段的概念，两者既有联系又有区别。分析高校教育教学方法的本质，应从多角度、多层面去加以剖析，这样才能认识其本质特征。高校体育教学方法的本质特征主要包括以下 4 个方面。

（1）从体育教学内容的角度来看，高校体育教学内容是高校体育教学方法实施过程中的特殊对象。高校体育教学过程中，使用的教学方法通常是根据教学内容的大纲结构和性质决定的，实践训练时必须灵活运用教法和学法将“死板”的教材变得活化起来，充分带动学生的积极性。

（2）从信息传递的角度来看，高校体育教学方法是师生之间交流的重要方式，借助高校体育教学方法可以传递多种知识信息，还可以将有用信息进行转换。高校教师通过一定的教学方法，将体育知识、体育技能传输给学生，而学生通过一定的教法与学法接受并储存信息，并通过反馈方式将信息传输给教师。所以，在高校体育教学过程中，通过实行的教学方法可以帮助教师与学生之间进行更好的交流与沟通。

（3）从师生人际交往与人格影响的角度来看，高校体育教学方法是师生思想、体力活动、智力与心理活动互相影响与作用的一定程度的运动形式。在高校体育教学过程中，通过高校体育教学方法的途径与手段，形成了师生、生生之间的相互影响与作用的特定关系。例如，师生之间人际关系，往往需要通过教与学发生影响与作用并充分体现出来；而人格的影响，即教书育人，是通过有声与无声的教育活动来施加影响，如教师的品德修养、教学态度、精神风貌以及学生的学习态度、意志品德、组织纪律等都是通过教与学的途径与方法具体而生动地显露出来，并产生重要的影响与教育作用。

（4）从组织管理的角度来看，高校体育教学方法是组织、调控与检查教师“教的活动”与学生“学的活动”的有效方式。国外教学论专家从高校教育教学方法的职能上进一步揭示了高校体育教学方法的本质，对我们深入探讨高校体育教学方法的本质特点具有一定的借鉴意义。例如，苏联教育家巴斑斯基将高校的教学方法分为三个组成部分，即组织与实施学习活动的方法、提高学生学习兴趣和积极性的方法及参加学习活动自我检查的方法。达尼洛夫和斯卡特金也认为：每一种高校体育教学方法都是教师为组织学生的认识活动和实践活动以及确保学生掌握高校体育教学内容而进行的一系列有目的的教学活动。

（二）高校体育教学方法的组成要素

现代高校体育教学中，施教者要根据高校体育教学内容选择科学、合理的教学方法，其中教学方法的组成要素包括很多种，可以将其概括为 4 个方面，如图 3-3 所示。

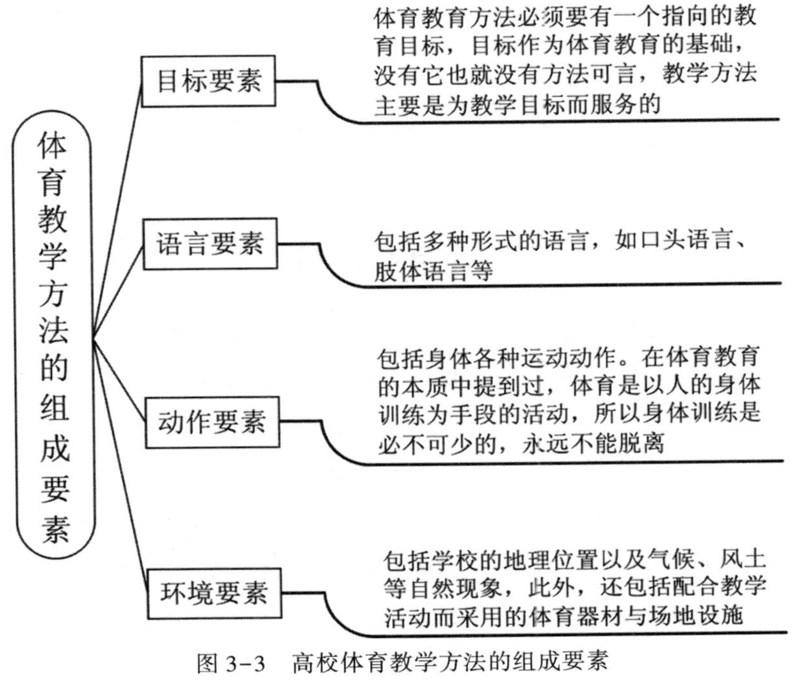

图 3-3　高校体育教学方法的组成要素

（三）高校体育教学方法的分类

当前我国高校体育的教学方法有很多，按照不同划分标准可以分为不同类别，如图 3-4 所示。

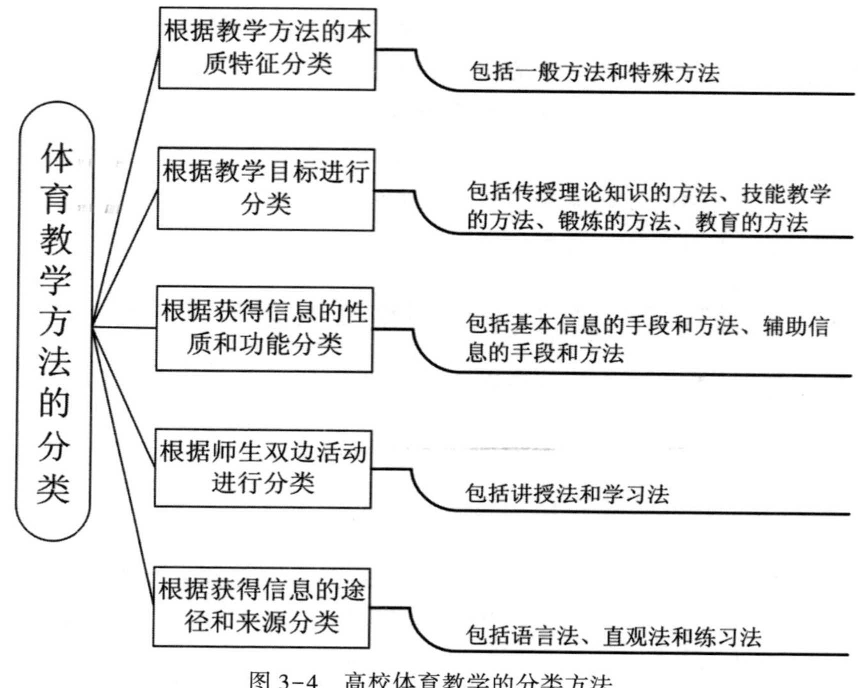

图 3-4　高校体育教学的分类方法

（四）高校体育教学方法的性质

探讨高校体育教学方法的性质，应全面系统地去分析，以辩证的两点论去认识与掌握它的性质，即高校体育教学方法具有辩证的多重性，具体包括以下六个方面。

1. 高校体育教学方法的独立性与依附性

教法与学法系统在整个高校体育教学中是由多种要素构成的复合系统，包括一定的组成要素，又按一定的方式进行组合，所以说高校体育教学方法具有相对的独立性。但是，由于制约与影响高校体育教学方法的因素很多，高校体育教学方法是一定社会、一定历史阶段教育理论与实践的产物，是以一定的科学世界观和方法论为依据的，如教师观、学生观、方法论等都直接影响高校体育教学方法。其次，教学方法必须为一定的教学目标服务，没有了目的性，便无功效性，也不成其法。再次，高校体育教学方法还受到教材内容、教学对象、教学物质条件的制约，因此可以说高校体育教学方法具有无法摆脱的依附性。

2. 高校体育教学方法的经验性与科学性

经验是高校体育教学方法的起点，经验性教学方法往往立足于高校教师最初的、最基本的经验，它可以分为体验性方法和经验性方法。经验性教学方法具有以下特点：一是具有明显的感性和具体性，缺乏科学依据，且不具有普遍实用性；二是具有僵硬性，尚没有达到以清晰明确的科学原理为基础的水平，往往能教人试做，但不能告知人为什么这样做；三是观点和方法都过于分散，缺乏系统性。这种方法往往只是凭借个人经验和直观判断，所以具有一定程度的局限性。高校教师只有不断总结经验，将一般经验升华到理性高度，才能深入认识高校体育教学方法的本质与特点，掌握其运行与操作的规律，这样才能由体验型上升到经验型，最后应飞跃提炼成科学型教学方法。

3. 高校体育教学方法的继承性与发展性

传统的教学方法是高校教师长时期教育经验的结晶，不应持全面否定的态度，而应该在新的教育思想指导下，加以继承和发展，赋予新的意义。所以，高校体育教学方法应在继承中求发展，在发展中求创新。

4. 高校体育教学方法的稳定性与灵活性

高校体育教学方法在实践中要受到社会的教学目的、教学任务、教材、教学对象等因素的制约。因此，在一定历史条件下，高校教育教学方法具有相对的稳定性，形成了一个基本的教学方法模式体系，如高校体育教学的讲解法、示范法、练习法，等等。由于高校体育教学活动的复杂化、多元化等特点，也决定了高校体育教学方法的多样性，在选择与运用教学方法时，必须依据教学目标、教学内容、教学对象与教学条件等因素灵活加以实施。巴斑斯基认为：“每种方法都可能有救地解决某些问题，而解决另一些问题则无效。”因此，高校体育教学方法是一个动态发展与变化的体系，具有一定的灵活性。

5. 高校体育教学方法的有效性与迟效性

高校教师选用教学方法的目的是追求教学的效益，只有功能性的方法才是教学方法。高校体育教学方法的实用性、有效性是高校体育教学过程中优先考虑的问题和追求的目标，但是选择运用任何一种教学方法时都不能操之过急。因为教学方法的效果往往也会呈现一种迟效性的特点，所以不应该用简单而主观的方法去评价某一种教法的优劣，应细心地观察，重视实验与分析总结。

6. 高校体育教学方法的多维性与综合性

现代高校体育教学方法已经改变了传统高校体育教学方法的直线型模式，从而形成了多维的教学方法网络体系。教学方法具有双边性：既包括教师的教法，又包括学生的学法；教学方法具有双部性：既包括外部显性的教学方法，又包括内部隐性的教学方法；教学方法具有多目标性：由于现代高校体育教学目标初步确立了教养、教育与发展三大目标体系，相应也形成了体育教学的教养方法、教育方法与发展身体的方法体系。因此，教学方法的多样化与多维性是现代教学方法一大特色。

实践证明，由于高校体育教学目标的多向性以及各种教学方法在完成某些教学任务时都各具长处与短处，单一的教学方法往往无法完成多维的教学目标，因而必须综合运用多种高校体育教学方法。综合运用各种高校体育教学方法时应在现代高校体育教学思想与教学理论指导下，依据教学目标、教材内容、教学对象、教学条件等，将多种高校体育教学方法加以综合运用，以获得最佳效果。

二、高校体育教学方法的选用

随着国家经济水平的提高，我国高校教育水平也从中受益，高校教学质量越来越高。高校教学的内容组成不只是文化知识，还包括体育活动。现代高校体育教学中，选择合理的体育教学方法很重要，在选择教学方法时要了解掌握选择依据，并且注意其中的事项。

（一）高校体育教学方法选择的依据

1. 高校体育教学目标

在高校体育教学目标的主要特征当中，多层次性非常显著，主要表现为可以将其分成多个发展目标，如身体素质发展目标、运动技能发展目标、知识理论发展目标、个人情感发展目标等，这些目标体现了高校体育教学目标的不同层次。在不同的教学阶段中，为了能够实现设定的体育教学目标必须选择合理的体育教学方法。高校体育教学中，理论与实践的教学目标并不是独立存在的，它是多种目标的综合体现，而且不同课程、不同活动的教学内容的重点是不同的。所以，要根据课堂教学内容和目标的重点部分选择发展特定的教学方法，把握重点提升教学质量。课时教学目标是高校体育教学总目标的具体化，课时教学目标具有很强的指导性。课时教学目标不仅包括相关的运动技能和课程理论的内容，而且包括一定的心理和品质等知识，选择高校体育教学方法时要根据不同的高校体育教学目标选择与之最符合的。

2. 高校体育教学内容

针对不同的体育教学内容，高校教师要选取不同的高校体育教学方法。高校体育教学内容与高校体育教学方法之间有着密切的联系，一般情况下教学内容规划好之后，就会形成相应的教学方法。例如，体育课程的理论知识，应该选择语言讲解法；运动实践的活动，应该选择动作示范法。教学内容的性质不同，选择教学方法时就会受其影响，相同的教学内容选择不同的教学方法就会产生不同的教学效果。因此，教师在上体育课时要学会灵活多变，根据高校体育教材内容选择科学、合理的教学方法有助于提高高校体育教学质量。

3. 高校体育教学环境

随着高等教育水平的提高，我国高校体育教学已经步入一个全新的发展阶段。新时期的高校体育教学，良好的教学环境至关重要，高校的体育教学环境会对高校体育教学方法的选择产生很大的影响。研究发现，高校的体育设施、课程课时、学生人数，还有外界的社会人文环境等，这些都是影响教学方法的主要因素。例如，在操场进行体育技能训练时，没有体育器材的帮助很难完成相应的教学示范。所以，高校教师在体育教学过程中，要因地制宜，利用现有的体育教学环境充分发挥其功能，结合现有的器材和场地环境实施教学。

4. 高校教师的自身条件

高校体育发展的快慢，教师资源对其会产生很大的影响。教师是学生学习中的引导者，也是教学方法的执行者，教师的自身素质与教学质量有着直接的联系。如果教师的自身能力比较低，那么很难将教学方法的效果最大限度发挥出来，从而制约高校体育教学活动的顺利进行。因此，高校教师在选择相应的教学活动时，应对自身的专业素养、能力水平以及教学特点有着客观的理解。

5. 体育教学物质条件

在高校体育教学过程中，教学方法的选择会受到教学物质条件的重大影响。如果一个高校的物质基础比较差，那么体育教学水平也会比较低，教学方法应有的价值和作用就很难发挥。反之，教学物质条件很全面时，教学方法的功能和作用就能很好地展现。

（二）高校体育教学方法选择的注意事项

我国高校在选择体育教学方法时，通常需要注意以下三个方面。

1. 加强师生之间的协调配合

高校体育教学中，最直接的参与者是教师与学生，处理好师生之间的教学关系是非常重要的。如果有一方不配合教学实施，师生之间就很难形成默契的配合，导致高校体育教学的质量得不到保障。教学过程分为“教”与“学”，二者之间有着密切的关系，所以采用的每一种教学方法都要非常重视“如何教”和“如何学”这两方面的教学问题。

传统的体育教学中，学校只强调教师“如何教”的重要性，忽视了学生的学习过程，教学中心始终是以教师为主，片面地追求老师的教学价值。例如，体育教师在进行体育技能练习时，过于强调自身动作的优美和舒展，没有考虑学生的自身体验，导致最终的教学效果不是很好，影响了体育教学活动的开展。因此，高校体育教学方法的选用应考虑师生双方的协调配合，避免二者的脱节，这样才能取得良好的教学效果。

2. 加强不同学习阶段的前后配合

在高校体育教学过程中，不同的学习阶段学生的学习特点会有很大的不同。高校教师作为执行者，要对学生学习的前后内容合理搭配，并选择合理的教学方法。高校教师选择体育教学方法时，应对学生学习知识的不同阶段的前后配合予以考虑。例如，在学生的动作学习过程中，高校教师应注重指导学生从“模仿型”向“创造型”过渡，并实现二者的有机结合。

高校学生在学习的各个阶段都是对新知识的认识和了解，不断提升自身的综合能力。在学习的初期阶段，通常只是进行简单的观察和模仿，随着不断地积累，最终形成了自己的动作形式，从而完全地摆脱模仿动作。学生从“模仿”阶段到“创造”阶段，这两个阶段既有联系又有区别。因此，在对高校体育教学方法进行选用时，应有意识地使二者之间的互相代替、割裂得到有效避免。

3. 注意学生内部与外部活动的配合

高校学生在学习的阶段中，学习过程是两种活动的综合表现，即内部活动和外部活动。学生的内部活动主要包括心理活动和生理机能等方面，而外部活动主要包括个人动作的质量、情绪和专注力等方面。

（1）高校教师在体育教学中要选择合适的教学方法，要多加关注学生内部活动与外部活动的结合。

（2）在选择相应的高校体育教学方法时，应注重学生内部与外部活动之间的配合，高校教师应善于分析学生的内外活动变化，有机地结合指导学生外部活动的教学方法与激发学生内部活动的教学方法，以使学生积极地参与到体育学习中。

（3）针对不同的教学内容，教师选择体育教学方法时，要对多种教学方法综合分析后再做选择，这样有利于确定最科学的教学方法。

三、高校体育教学方法的结构及其优化

（一）高校体育教学方法的结构

所谓教学方法的结构，是指教学方法系统内部组成的要素及其组合的方式。我们可以从以下三个层面加以分析。

1. 组织结构

组织结构主要是指高校体育教学方法本身的构成要素及其组合的方式，具体可以分为如下三个部分。

（1）语言信号，包括外部信息和无声语言。

（2）实物教具与物质手段，如体育课本、挂图、模型、标志物、录像

机、场地、器材等。

(3) 实际演练，主要是指通过一系列反复强化练习的实践活动，以达到掌握一定的知识、技术与技能，增强体质和进行思想教育的目标。高校体育教学实践活动与操作练习主要依赖于练习者的视觉、听觉、触觉和本体感受的参与，获取有关教学信息的基础是协调一致的教学活动。

2. 逻辑结构

逻辑结构主要是指任何一种高校体育教学方法的实际运用都必须遵循一定的逻辑程序。例如，在运用讲解法时应遵循一定的逻辑顺序，即先讲什么、后讲什么、重点讲什么，在运用分解法与完整法时，教师要考虑是采取“先分解后完整”还是采取“先完整后分解”的逻辑方法。因此，任何教学方法的实际操作，高校教师应预先设计一定的逻辑序列和实施的具体步骤。

3. 时空结构

时空结构是指教学方法各组成要素在时间与空间上的有机联系与相互作用的方式。时空结构主要体现教学方法的时间与空间特征，如在高校体育教学中，为了发展学生体能，运用持续法或间歇法时，都具有明显的时空特征。持续时间的多少，间歇时间的长短，应有一定的量化与质化标准。

（二）高校体育教学方法结构的优化

在高校体育教学方法优化的过程中，不是提倡哪一种具体的教学方法，而是从宏观上系统考虑教学的实体要素与非实体要素的优化，并结合教学目标、教学内容、教学对象、组织形式等方面的特点，在微观上将课堂教学方法各要素组成最佳结构。实体要素是指体育教师、学生、场地与器材；非实体要素是指高校体育教学的指导思想、师生的态度与能力、教学方式。相比非实体要素，实体要素是影响与制约高校体育教学方法的可见因素。教师与学生是高校体育教学方法的动力与轴心，离开了师生，教学方法也就不存在了。教学内容是影响与决定教学方法的一个变量因素，而场地器材是教学方法依存的物质条件。非实体要素对高校体育教学方法具有潜移默化的影响与作用，教学指导思想对高校体育教学方法具有导向与规定作用，教学思想这种导向作用是贯穿于各个要素之中，并通过一条主线将各个要素连为一体，从而产生整体的运动。另外，师生的教学态度及能力也对高校体育教学方法产生着重要影响。

综上所述，优化高校体育教学方法的结构，提高教学方法的效益，主要应从实体要素与非实体要素入手。从整体出发，优化各个要素并使之产生协调的整体运动，以谋求优化与高效的统一。在实体要素中，应抓好教师与学生这两个教学主体的能动作用，使之达到教法与学法的高度和谐，即教师应努力达到这样一个标准和境界：愿教—会教—乐教：而学生应努力做到：愿学—苦学—会学—乐学；这样才会为高校体育教学方法结构的优化创造一个良好的主客观条件。从微观上来说，要研究高校体育教学方法的组织结构、逻辑结构与时空结构。在现代高校体育教学理论指导下，根据数学目标、教学内容、教学对象、教学条件将各种教学方法的要素组成最佳结构，使之充分发挥其结构应有的功能，并在此基础上进一步优化重组，使其功能更加强大，从而不断提高高校体育教学质量与技巧水平。

四、高校体育教学方法的发展与改革

高校体育教学工作是一项复杂的、系统的工程，面对新时期的学生日益成熟的心态和特定学龄段的人生观、价值观，高校体育教师的教学工作确实面临着前所未有的挑战，教学成果出现了更多的不稳定因素。在诸多因素中，教学方法将起着至关重要的制约作用，它是高校体育教学质量的重要保证，也是关乎教学效果成败的关键。

在各个高校不断推进新课程改革之际，高校的体育教学改革也正处在这个历史的十字路口，他们把不同的形式的探讨课、研究课、兴趣教学课都纷纷展示出来，但是不管如何去改，最终的目的都是要得到学生的喜欢与认可，要切实符合学生的特点，调动他们的积极性与主动性。

（一）实现双方换位思考和角色转换

在高校体育教学中，教师首先要转变角色，更多地站在学生的角度来思考问题，把课堂的氛围从“一言堂”改为“群言堂”，教师主要为学生提供引导和帮助。高校体育教师要让高校学生积极参与到课堂教学活动当中，展示学生的才能，发展学生的个性，真正成为课堂教学的主人。

现如今，体育课堂中的主导权依旧掌握在教师的手里，如何实现学生在课堂中的主体地位，需要教师充分认识自己在现代高校体育教学中的地位和角色，这样才能最大限度地发挥教师自身的作用。通过导趣，引导学生乐学；通过导思，引导学生活学；通过导做，引导学生善学；通过导法，引导学生会学。如此建立学生与教师之间的双边教学活动关系，才能把课堂教学活动提高到一个新的水平，当师生实现双方换位思考和角色转换后，融洽的课堂气氛自然就牢牢地确立起来了。

（二）合理分解授课程序，改变课堂授课结构

在日常运动技能教学过程中，合理地分解授课程序是教学的一个新思路。例如，第一步，用 5 ～ 6 分钟的时间让学生充分发挥优化组合的自择权，采用自发分组的方式进行自主学习；第二步，用 3 ～ 4 分钟的时间对学生的问题和出现的不规范动作进行讲解示范；第三步，用 6 ～ 7 分钟的时间让学生自己去解决存在的问题和纠正不规范的动作；第四步，用 5 ～ 8 分钟的时间对学生提出问题进行解答；第五步，用 8 ～ 11 分钟的时间让学生巩固学习的成果，并尽可能地为各类学生提供更多的表现机会，让学生运用最基本的体育知识去掌握体育技能。

除此之外，体育教师开展的课程教学可以结合多种游戏进行授教，凭借丰富多样的教学内容来调动学生的积极性和创造性，改变传统的授课形式，给以学生足够的选择权，让学生在潜移默化中学习，并掌握相应的基础技能和基础知识。通过学习运动技能，大多数学生将学会多种基本的运动技能，在此基础上形成自己的兴趣爱好，形成一定的运动特长，为终身体育奠定良好的基础。高校教师作为学生的指导者，要与学生共同参加体育活动，积极参与到学生活动当中。这样既能与学生一起运动，又能在运动中发现学生的错误动作，帮助学生及时纠正，为学生提供正确的练习方法和技能。

（三）增强运动体验乐趣的分享过程，增强成功感

高校学生对体育技能的学习与掌握达到一定要求后，教学中应该增加一个环节，即运动体验的分享过程。教师用 5 ～ 8 分钟的时间让学生自由组合、小组之间互相交流、互相学习、互相纠正，感受参与运动带来的成功与失败、快乐与艰辛、竞争与合作等丰富的内容。

高校学生随着心智的不断成熟，掩饰情绪的能力不断增加。如果教师不注意观察学生情绪的波动，就不能有效地把握体育课堂的教学效果。失败是成功之母，成功更是成功之母。教师应该在课堂教学中让学生感受到“成就感”或者说“成功感”，“成功感”能够有效激发学生的积极性，它是提高学生兴趣的良好催化剂，“成功感”的增强会对学生兴趣的产生和保持起到促进的作用。教师对学生指导的过程中，要充分肯定学生身上的优点和获得的成绩，让学生感受到足够的尊重，并且以欣赏的眼光对待学生。

（四）加强课后反馈机制，引导学生自评意识

高校体育教师在日常的教学结束后，总是简单地布置一些任务就下课，其实这样的教学效果并不好，教师应该更多地增加课后反馈机制。具体来说，就是让每一个学生用 1 ～ 2 分钟的时间来评价自己在学习的过程中所取得的成绩。每个课时上完之后，要让学生进行自我总结，对自己的学习成果作综合评价，同时也要让学生养成与同学之间相互评价的好习惯。这种评价可以使教师更好地了解学生的学习情况，而且自我评价和总结有助于学生加深对知识内容的理解，有助于学生对学习活动的自我期待，促进学生自学、自评能力的提高，为学生之间的相互交流创造更多的机会。高校体育教师要引导学生形成良好的自评意识，帮助学生初步形成良好的体育与健康观，养成良好的锻炼习惯。

进一步来说，高校体育教师应该身先士卒地融入这种环境中。高校体育教师要首先进行自我评价、自我总结，同时也应该欢迎学生来评价自己，在师生之间建立一个和谐的交流平台，使课堂上欢乐轻松的感觉能够长久地在学生的脑海中回荡。

第三节　高校体育的教学环境

任何高校体育教学活动都必须在一定的体育教学环境下进行，脱离了体育教学环境，体育教学活动也就不复存在。普通高校的体育教学环境作为一种特殊的教学环境，是一个由多因素构成的复杂系统。这里将对我国高校体育的教学环境展开详细的讨论。

一、高校体育教学环境的定义

由于我国对高校体育教学环境的研究起步较晚，对其概念没有展开深入了解，而且不同学者对其概念的界定有很大差异。通过多年的努力研究，高校体育教学环境的定义有了统一的认识。高校体育教学环境是一种特殊的人类生存与教育环境，是为发展师生的身心需要而组织起来的体育教学的空间领域，是为了师生更好地进行体育教学、运动锻炼、体育竞赛而主动地利用环境、适应环境、改造环境的产物，高校体育教学环境是学校体育教学活动所必需的主客观条件和力量的整合。

二、我国高校体育教学环境的现状

高校体育教学环境由两种环境组成，即物质硬环境和主观软环境。

（一）物质硬环境

目前，物质硬环境方面存在的问题主要是东中西部之间的地域环境差异，另外场地设施类型也有一定差异；随着高校招生名额的扩大，学生人数增多，体育设备耗损变得相对较快，耗损率与更新换代之间的时差较长；场地器材种类的比例不合理等。物质硬环境作为高校体育教学环境的基本条件，将会对体育教学产生最直接的影响。如果体育器械不及时更新和保养，就会增加安全事故的概率，对学生的生命健康造成直接伤害，影响学生的课外体育活动。

（二）主观软环境

高校体育教学的主观软环境一般相对隐性，主观软环境对高校体育教学活动的影响通常借助于人的载体而体现出来。虽然其隐匿于无形之中，但是对高校体育教学的影响并非可以被忽略。在一定条件下，主观软环境的影响甚至超越了物质硬环境。例如，高校体育传统思想、体育文化精神、体育课堂教学氛围和课外锻炼风气等，都会对高校体育教学产生重要的影响。高校的体育思想和体育文化不是一朝一夕就能形成的，需要长斯培育和营造，人际环境的状态也影响着教师和学生的情绪、认知和行为，从而影响着体育教学的效果。当前主要涌现出来的不良现象主要为高校体育传统氛围不浓、人际环境污浊和体育课堂氛围散漫等，这些“非良性”环境的存在势必会对体育教学的效果产生不利影响。

三、高校体育教学环境的功能

高校体育教学环境通过自身功能不断地对体育教学活动、个体发展等产生影响，现代高校体育教学背景下，高校体育教学环境的功能主要有 4 种，如图 3-5 所示。

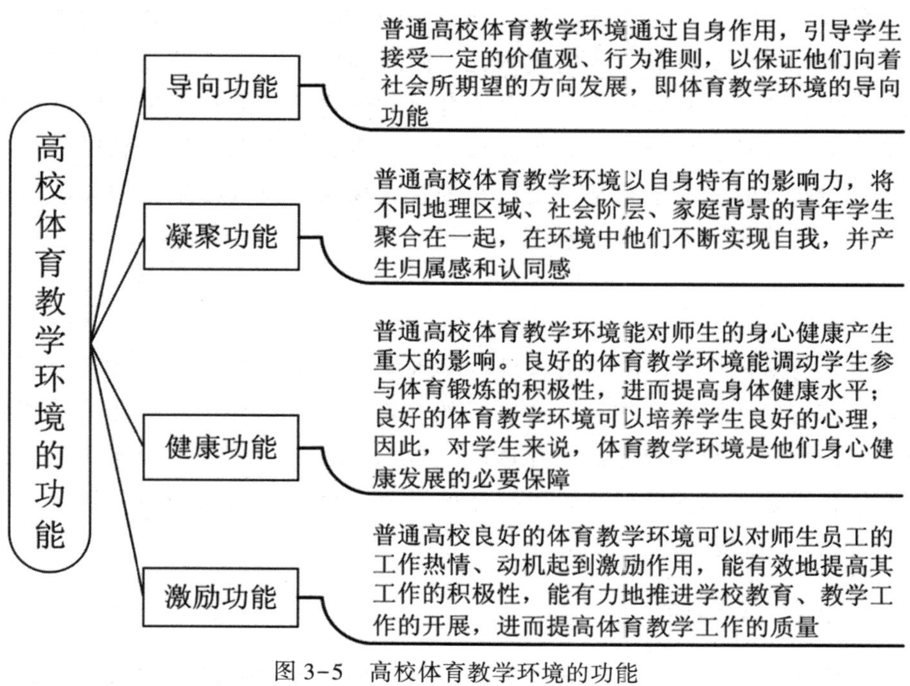

图 3-5　高校体育教学环境的功能

四、高校体育教学环境的特性

高校体育教学环境在体育教学中发挥着重要的作用，教学环境的各种特性对教学有着重大的影响，可以概括为五种特性，即规范性、教育性、主导型、差异性和动态性，这里将对这些特性展开简要的讨论。

（一）规范性

高校体育教学环境的建设都是按照国家教育部门的制度和方针进行的，是一种符合学校培养目标、适合学生身心全面发展的育人场所。高校体育教学环境具有一定的规范性，符合教学各个方面的需求。普通高校体育教学环境具有易于调节、控制的特点，即教师可以根据体育教学活动的需要，调节控制体育教学环境以及各个构成要素。

（二）教育性

高校体育教学环境最根本的特性就是教育性，高校体育教学环境具有特殊的育人功能，其教育性必须得到充分的体现。高校体育教学的硬环境是体育教学活动赖以进行的物质依托，同时构成体育教学硬环境的各种环境因素也具有一定的教育意义。而体育教学的软环境会对学生产生潜移默化的影响，并且这种影响是非常深远的。所以，教师和学生在利用教学环境的物质功能时，由于它是一个特殊的育人场所，使得师生更加关注高校体育教学环境所具有的教学意义。

（三）主导性

高校的体育教学环境是由多种物质因素组成的一个有机整体，不同的因素对其产生的影响和作用是有差别的。其中，总会有一个或几个重要影响因素，所产生的作用是比较深远的，即总会有一个或几个因素决定、支配着体育教学环境的发展。所以，这里说的主导性反映的是体育教学环境中一个或几个因素的主导作用。

（四）差异性

高校体育教学环境的差异性主要表现在两方面，分别为地域差异性和高校性质差异性。因为高校体育教学环境的差异性主要受环境因素的影响，如地区不同、高校的性质、种类、层次等，不同的环境因素共同作用产生的结果自然会有很大不同，所以各高校体育教学环境具有显著的差异性。

（五）动态性

动态性也是高校体育教学环境显著的特征，主要表现在三个方面。首先，高校体育教学环境是一个特殊的育人场所，所以它是一个动态的开放系统，这样才能促进教学环境的改善，实现与外界信息交换的功能。其次，教学环境的影响因素有很多种，影响因素会发生不断地改变，有些因素会向有利的方向转变，有些因素会由主要因素向次要因素转变，而有些次要因素会成为影响高校体育教学环境的主要因素。最后，随着时代的发展，国家的高等教育水平也在不断提高，对高校体育教学环境的评价标准会随之不断完善，所以高校体育教学环境的建设是需要不断进行的。

五、高校体育教学环境的影响因素

高校体育教学环境又可以分为两大类，即物质环境和心理环境。针对两种不同的教学环境，分别讨论各自的影响因素。

（一）物质环境的影响因素

1. 经济基础

一个国家物质水平的高低主要受到经济基础的影响，经济水平的高低直接影响着国家教育事业的发展速度和建设规模，只有强大的经济基础才能促进高校教育的建设和发展。

2. 科技发展

新时代背景下，科技创新是社会发展的重要思想，一切形式的社会活动都是在科学技术的推动下进行的，科技为社会高速地发展提供了强劲的动力。随着科学技术的进步，我国高校体育教学的教学理念也发生了巨大变化，先进的科学技术不仅能够改变教学者传统的教育观念，而且还为我国高校体育事业的发展指明了方向，从而不断完善高校体育的教学方法。进入 21 世纪，先进教学设备的使用大大提高了我国高校体育的教学质量，地区高校的教学环境也得到了极大改善，这些先进的教学设备为学生更快地掌握体育知识提供了技术保障。

3. 自然条件

高校体育教学的理论知识是在教室内进行的，而运动技能的训练只能在室外运动场进行。室外的实践训练会受到外界自然条件的影响，因此我们需要良好的自然条件为依托。在良好的自然环境下教学，可以使学生的心情更加愉悦，能够提高学生的学习效率，更好地培养他们的学习兴趣，有助于提升高校的体育教学质量与教学环境。

4. 体育场地、器材

教学活动是由教育者、受教育者及教学物质共同组成。针对普通高等体育院校最重要的教学媒介来说，体育场地与器材是教学媒介中最重要的组成部分，良好的教学媒介是学校体育教学活动有效开展的保障。但是，我国一些位于偏远山区的高校，由于经济水平比较低、道路交通不发达，导致学校的教学器材和体育设施非常少，体育活动的训练场地也非常单一。这些都是目前高校体育教学中存在的主要矛盾，使得教师开展的一些教学活动无法完成，大大降低了高校学生对体育课程的兴趣，严重打击学生参与运动的积极性。

5. 教师队伍配置

教育经费是学校得以正常运作的重要保证。同样，体育经费是学校体育教学器材及时添置、运动竞赛训练继续开展的重要保障。教育经费的充足对改善学校硬件条件、吸纳优秀骨干教师来改善师资力量具有重大的促进作用。现代高校体育教学中，教师阶段配置对体育教学环境产生重要的影响，高校要不断扩充教师资源，为高校体育教学提供强有力的保障。

6. 教学组织模式

新时期背景下，高校教育“以人为本”“以学生为主体”的教学理念逐步推广开来，但是教学的过程中会存在班级人数较多的问题，这样会增加教师的授课压力，学生数量过多会导致师生之间的互动效果很差，不利于学生学习新的技能。

（二）心理环境的影响因素

1. 传统教学思想的约束

我国是一个具有五千多年文化历史的国家，从古代“教师”的出现开始，传统的教学方式已经延续了数千年。在课堂上，一直是以教师的讲解为中心，师生之间缺乏互动与交流，久而久之逐渐形成了一种“你讲我学”的教学模式。在高校体育教学中，师生之间简单的职业关系在普修课中表现得最为明显，导致有些授课教师的积极性很差，教师在教学的过程中也缺乏学生的信任和尊重，课堂教学效果不理想，这些都是传统教学思想的约束造成的。

2. 校园体育文化

校园文化是由校园物质文化和校园精神文化构成的，其中校园体育文化也是重要的组成部分。我国大部分高校体育院系都有着丰富的历史文化底蕴，对于自己学校的体育宣传工作学生会利用多种有效的途径，如绘画雕刻一些具有校园体育精神的雕像，校园新闻滚动屏会播放一些实时体育比赛等。然而，高校体育社团的组建方面仍存在许多不足，如创建社团的过程比较烦琐、社团种类不够齐全等，校园体育文化的缺陷严重影响了学生的积极性，使许多有兴趣的学生无法实现自己的运动目标。

3. 教育政策

教育政策的完善能够促进高校体育教学更好地发展，它为高校体育教学深化改革和进步提供了强大的动力。首先，国家规定的政策和制度为高校体育教学提供了发展方向，具体表现在建立学校的教育制度，选拔安排学校的行政人员，并对学校的体育工作做出科学地调整。其次，教育政策对学校的创设和取消、教育经费的投入和使用都有绝对的权力。最后，通过对高校领导和教师职工的工作做出评价，选拔和任免一些相关人员，间接地影响高校体育教学的改革和发展。总体来讲，一所高校的体育教学想要更好地发展，必须要有国家政策的支持，在高校重大事务的抉择与执行方面，必须要有政治权力的介入和推动。

六、高校体育教学环境的优化策略

（一）优化高校的体育课堂教学环境

在高校体育教学实施的过程中，体育教师的教与学生的学是在特定教学环境中表达的过程。高校体育教学环境作为一种相对独立的学习形态，能够反作用于高校体育教学主体（教师、高校学生）的行为。所以，加大对高校体育课堂教学环境的优化，对于促进高校体育教学目标的达成有着重要的意义。这就需要教师充分尊重学生的主体地位，为每个高校学生创造良好的体育锻炼与学习机会，鼓励高校学生在学习的过程中，敢于展示与创新。同时，在高校体育教学的过程中，要以现代化的媒体为平台，实现体育教学信息、体育教学评价、学生体育需求等信息的畅通，从而为高校体育教学环境的构建提供完善的保障措施。

（二）构建与优化高校班级体育的氛围

班级作为高校的基本构成单位，良好的班级氛围对于提升高校学生体育锻炼的积极性与趣味性有着重要的意义。因此，在高校体育教学环境构建的过程中，以班级为单位来开展体育工作、培育体育特色是一种切实可行的方法。同时，为了更好地提升班级的凝聚力，实现体育对高校学生认同目标的统一，也需要借助体育竞赛等来促进这种目标认同的一致性。除此之外，融洽的人际关系对于构建良好的班级体育氛围有着不可替代的价值，因为师生的体育锻炼兴趣是一种社会性的体育实践过程。

（三）优化高校的体育物质环境

高校体育教学的物质环境既包含自然时空环境，又包含体育设施环境。针对自然时空环境，应结合各地气候生态条件因地制宜地开展相适应的体育运动教学项目，如北方冬季可利用丰厚的降雪，开展冰上运动；而南方可利用多水优势，优化开发水上体育运动。对于体育设施环境，可尝试利用社会资本多方合作筹建场馆和购买器材，保证体育教学活动开展需求。

（四）优化高校体育课程教学设计体系

高校体育课程体系的优化设计，可尝试从课程目标、课程设置、课程内容和课程评价几个方面着手，遵循体育教学的客观规律，进行多样性、创新性的开发设计。例如，注重课程内容资源的开发和设置，结合时代的发展和学生的兴趣进行设计，开设轮滑、攀岩和体育舞蹈等新兴体育运动项目，使体育课程内容多样化；在课程评价方面，尝试将高校学生的学习态度、课堂表现和体育精神等纳入考核评价体系中，改变单一的评价方式，重视对高校学生体育参与性进行评价。

（五）优化高校体育教学的情感环境

何谓情感环境？即融洽的课堂氛围、积极乐观的情绪。优越的情感环境离不开师生间良好的互动，作为教与学的主体，教师要引导学生发挥自身的主观能动性，而高校学生则需要强烈的自我主体意识得到尊重。教师的肯定及鼓励会提高学生学习体育的主动性和积极性，更为重要的是学生的兴趣和信心会被激发出来，而学生一旦自我潜能得到激发，在课上的情感体验都会积极主动，课堂氛围也会融洽，课堂教学效果也会得到高质量的保证。

（六）优化校园体育文化环境

校园体育文化环境是学校内部一种特定的体育文化氛围，是以高校学生为主体，以课外体育文化活动为主要活动内容，以大学校园为活动空间，以校园体育精神为体现的，是体育教学活动中的人文特色环境。在校园体育文化中，加强“规则意识”“责任意识”等正能量的宣扬，让高校学生在无形之中得到感染和洗礼，内化为健康的意识规范，养成积极的学习习惯。

总之，由于高校体育教学环境的影响因素呈现多样化，且处在不断的变化之中。对高校体育教学环境进行优化时，要结合当地教育情况因地制宜，在遵循客观条件的基础上，做出适用的、安全的、系统的优化方案，科学、合理地提升教学环境，更好地促进高校学生身心全面的发展并取得良好的教学效果。

第四章　高校体育教学模式的理论分析及创新优化

随着社会的进步以及现代教学思想的发展，我国高校体育教学正在进行一次巨大的变革，其中对体育教学模式改革的研究与实践是一项极为重要的课题研究。为更好地改善高校体育教学现状，我们有必要通过对体育教学模式的理论分析及实践进行研究，以实现高校体育教学的创新与发展。

第一节　高校体育教学模式现状与发展趋势

一、高校体育教学模式现状

在我国高校体育改革的大潮中，主要的体育课程教学指导思想如图 4-1 所示。从图中可以看出，只有体质教育的思想与其他思想有所不同，不同之处在于其他思想都是以运动技术教学为主的。目前较受推崇的是全民发展的思想，虽然作为高校体育教学指导思想，但是体现不出任何高校体育的特色。

随着我国近几年的研究和探索，并在原有的基础上进行了大胆的尝试与改进，从中发现了 7 种教学模式，如图 4-2 所示。

体育教学的模式随着人们对体育教学的理解越深刻发生的变化越大，而且是随着教学理念的升级而发展的。高校体育教学模式的选择要根据两方面进行取舍：其一，要根据人们对各种教学模式的了解程度；其二，要根据人们已经形成的教学理念和教学思想。目前，普通高校体育教学还是注重学生的自主性以及自主选择性，以此来满足学生给各方面的需求。

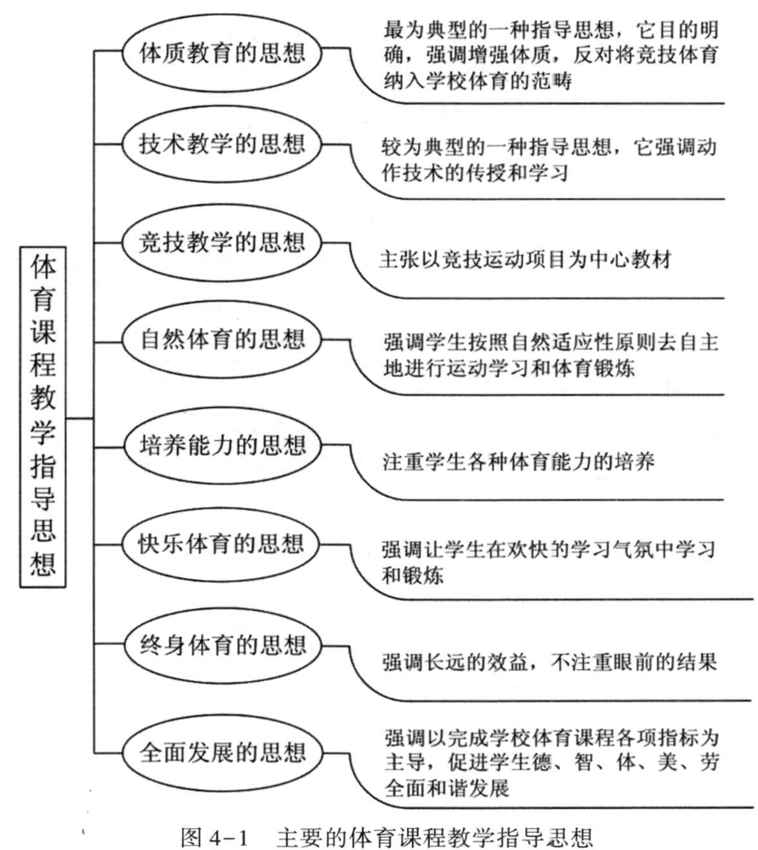

图 4-1 主要的体育课程教学指导思想

二、高校体育教学模式的发展趋势

一般来说，不管是哪一种教学模式，一旦形成就具有相对的稳定性，但是，其内部的结构及其要素还是要发生改变的，所以说，某一种教学模式的稳定性是相对的、暂时的，其内部变化是绝对的、发展的。任何一种教学模式在改革逐步深入以及教学观念逐步更新的情况下，其内部结构和各要素会进行不断的调整与更新，并注入新的内容来充实，使各种教学模式更加完善。随着时代的进步，体育教学模式也在不断调整与更新，具体表现在以下几方面。

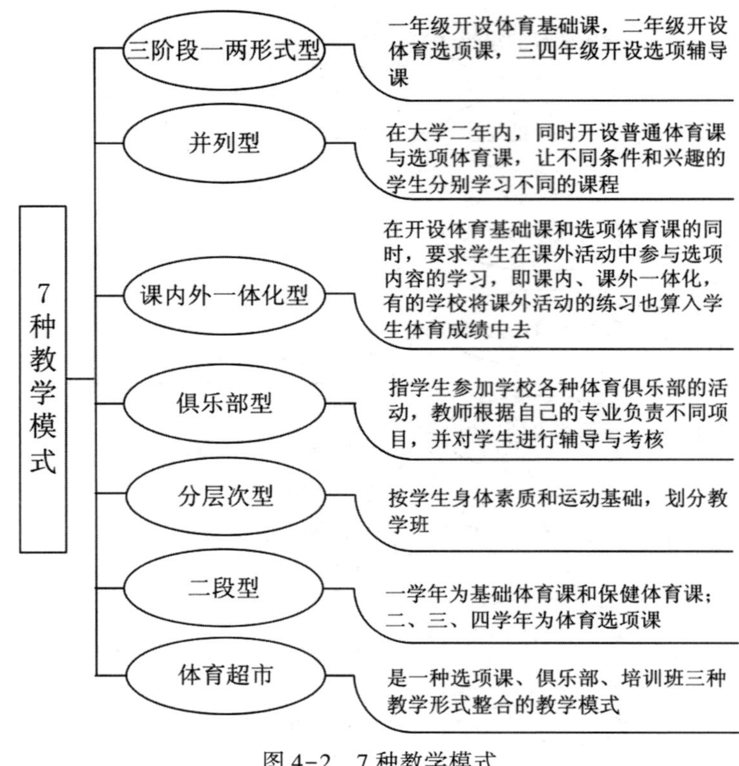

图 4-2　7 种教学模式

（一）理论研究的精细化

对体育教学理论的研究就是对实践研究进行指导，并且也对教学理论实践起到了总结性的作用。如果没有相对应的理论实践，那么之前所做的体育理论研究将变得毫无意义。所以，必须要把理论研究与实践研究结合起来，只有这样，才能加强理论研究的成效和力度。具体而言，其具有以下发展趋势。

其一，与其他理论相同的是，体育教学模式的研究必将从对一般教学模式的研究走向学科教学模式的研究，再到课堂教学模式的研究。

其二，对体育课堂教学模式的研究趋向于精细化，这包括学期教学模式、单元教学模式、课时教学模式。精细化是体育教学模式研究的必然趋势。

（二）教学目标的情意化

经过大量数据和相关研究证明，在体育教学实践中，智力因素和非智力因素对学生的学习有着很重要的作用。智力因素和非智力因素发展的不平衡会引起不良的效果，而现代体育教学逐渐在改善这一方面，并取得了良好的效果。现代体育教学的目标在使学生增长知识、培养学生能力的同时，更加注重人格教育、品德教育、情感教育与知识教育的结合。高校加强对学生心理学的培养是因为人们已经对人本主义的心理学越来越重视，所以高校在此基础上开始对学生的独立性、情感性和独创性进行了培养。比如，一些教学模式可以通过设立情景问题，提升整个教学过程中的趣味性和新奇度，使学生的学习兴趣得到有效激发，从而产生一种强烈的学习动机，这样就可以使学生在学习的过程中带有强烈的情意色彩，学习效果明显加强。

（三）教学形式的综合化

教学形式的综合化主要是指体育教学模式向着课内和课外一体化发展。由于受到时间因素的影响，课内的时间不能充分培养和发展学生自动化的运动技能与锻炼身体的习惯，这就需要在教学过程中安排充足的课外时间进行练习和巩固，而课内的主要任务就是学习新知识，并对错误的动作做进一步改进。只有在这种情况下，才可以使学生更加熟悉地掌握运动技能以及实现个体运动技能的自动化。根据我国高校的实际情况来看，比较注重的仍是体育课本，对体育课外活动还是有所忽略，甚至有的高校都没有体育课外活动，这十分影响体育教学的效果。

从体育教学模式这一方面来看待这个问题，由于很多高校体育不够重视课外活动，这就对“课内外一体化”教学模式的研究产生了严重的影响，虽然已经设计好了课内与课外相结合的教学方式，但是在实践的过程中还不够成熟，而且也没有明确的操作模式。所以，只有当这种模式完全成熟之后才能在体育教学模式的应用中占有一席之地。

（四）教学实践的现代化

随着时代的进步以及科技的发展，体育教学模式逐渐和信息技术相结合，使各种教学实践活动呈现出较为明显的现代化特点。这对体育教学模式的改革和创新产生了很大的动力，也吸引了学生的学习兴趣，并且调动了他们的积极性。所以，将先进的技术手段引入和运用到体育教学模式中才是现代化体育教学模式发展的重要趋势。

（五）评价标准的多元化

由于教学模式的不同，所导致的评价结果也是不一样的。随着体育教学改革的不断发展，体育教学模式也随着发生变化。如果还是采用单一的评价方法对某一种教学模式进行评价，就很难得出全面、客观的评价结果，所以，这就要求在评价时应该选择全面的评价方式，而且评价指标也要多元化。

由于传统模式的体育教学只注重评价结果，对学生在学习过程中的评价有所忽略，这就会导致很难全面的体现和反馈学生的学习兴趣、爱好和情感反应等。由于现代体育教学模式的渗入，已经对这一方面进行了改变，并且开始注重学生的学习过程评价、单元评价和自我评价。

（六）突出体育教学的情感性

在体育教学中，智力因素与非智力因素都非常重要，都能激发学生在体育教学中的学习兴趣，以此来保证学生以最佳的情感投入到体育教学中。

（七）突出体育教学模式的可操作性

现代体育教学模式应该注重教学理论与实践相结合，将教学方法和教学手段根据教学目标的要求进行优化组合，使之具有尽可能强的可操作性，以期发挥出最大的功效，这也是未来体育教学模式发展的主要趋势所在。

（八）突出学生的主体性

中共中央、国务院在《关于深化教育改革，全面推进素质教育的决定》中明确指出："健康体魄是青少年为祖国和人民服务的前提，是中华民族旺盛生命力的体现，高校教育要树立健康第一的指导思想。"为了实现"健康第一"的理念，很多高校的体育课程逐渐从单一的生物体育观向多维体育观进行转变，并且这种转变能够促进学生的身体健康发展。高校为了能让学生积极主动地参与在其中，根据每个学生的特点以及发展规律不同，采用不同的教学方法，以此来培养学生参与体育的兴趣和能力，并使学生在学习的过程中向着“快乐化、生活化、终身化”方向发展，还可以让学生在整个过程中达到体育锻炼的目的，以及提高自己的身体、心理和社会等方面的素质。

（九）多种教学模式并存

高校体育课程的发展目标多样化肯定会存在各种各样的教学模式并存发展，比如，“三段型”体育教学模式、“俱乐部型”体育教学模式、“分层次型”体育教学模式等。由于每一种教学模式必须在特定的教学环境中，所以，这就要求高校对已有的体育教学模式进行优化整合，用科学合理的方法使所形成的教学模式具有稳定性。

（十）“俱乐部型”教学模式将成为未来高校体育教学发展的主旋律

通过实践发现，“俱乐部型”体育教学模式是最为理想的一种体育教学模式，它能够从学生的角度来考虑体育教学，这使得学生在学习的时候具有选择权，而且使体育教学更具有弹性化。所以说，“俱乐部型”教学模式很有可能成为未来体育教学发展的主旋律，它不仅能培养学生的锻炼习惯和体育意识，还可以使体育教学“课内外一体化”，便于提高学生的运动技术水平。

第二节　高校体育教学模式的理论分析

一、体育教学模式的概念界定

（一）教学模式

根据研究者从不同的角度来研究，对教学模式就有不一样的理解，总地概括起来，大概有以下几种。

（1）认为“教学模式是在教学实践中形成的一种设计和组织教学的理

论，这种教学理论是以简化的形式表达出来的”，可称其为“理论说”。

(2) 认为教学模式是在“一定教学思想或理论指导下建立起来的各种类型教学活动的基本结构或框架”，可称其为“结构说”。

(3) 认为教学模式是“在一定教学思想指导下建立起来的完成所提出教学任务的比较稳定的教学程序及其实施方法的策略体系”，可称其为“程序说”。

(4) 认为“常规的教学方法俗称小方法，教学模式俗称大方法。它不仅是一种教学手段，而且是从教学原理、教学内容、教学目标和任务、教学过程直至教学组织形式的整体、系统的操作模式，这种操作样式是加以理论化的”，可称其为“方法说”。

还有相关学者认为，教学模式是根据一定的教学思想，并围绕某一特定主题，形成相对稳定的、系统化和理论化的教学模型。

(二) 体育教学模式

目前，在体育教学领域研究中，对体育教学模式的理解是多种多样的。主要有如下几种：

(1) “体育教学模式是在一定的体育教学思想指导下，具有一定典型意义而相对稳定的课堂教学结构。它是人们可遵循的标准样式、标准结构。”

(2) “体育教学模式是体现某种教学思想的教学程序，它包括相对稳定的教学结构和相应的教学方法体系，主要体现在教学单元和教学课的设计和实施上。”

(3) “所谓体育教学模式，是蕴涵特定体育教学思想，针对特定体育教学目标，在特定教学环境下实现其特定功能的有效教学活动结构和框架。是以简化形式表达的体育教学思想理论和教学组织策略，是联系体育理论与体育教学实践的纽带。”

(4) “体育教学模式是指在一定的教学思想或理论指导下，设计和组织体育教学而在实践中建立起来的各种类型体育教学活动的范型，它以简化的形式稳定地表现出来。”

(5) “体育教学模式是在一定的体育教学思想或理论指导下，在特定的条件和环境中，为了实现体育教学目标所建立的相对稳定的教学程序及其方法的策略体系。”

（6）“体现某种教学思想或规律和原理的教学单元或教学课的程序，它包括相对稳定的教学群体、独特的教学过程结构和相应的教学方法体系。”

（7）“体育教学模式是指按着一定的体育教学原理和体育教学指导思想而设计的具有相应结构和功能的教学活动的模式系统工程。它是由体育教学指导思想（或教学目标）、教学组织形式、教学方法、教学内容、教学效应和相关条件等六个既相对独立，又彼此关联的程序工程系统组成。”

（8）“体育教学模式是在一定的教学思想指导下，为完成规定的教学目标而形成的规范化程序，包括相对稳定的教学过程结构和教学方法的体育教学活动的操作体系。”

二、体育教学模式的构成要素分析

体育教学模式主要存在于一定的空间和时间中，在时间上主要体现在如何安排教师教与学生学的活动，在空间上体现在体育教学理论和思想、体育教学目标、教师与学生在教学活动中的地位以及相互关系。因为不同的教学目标、教学理论以及对教师不同的安排，就会形成不同的体育教学模式（图4-3）。所以，体育教学模式的基本结构因素有以下几点。

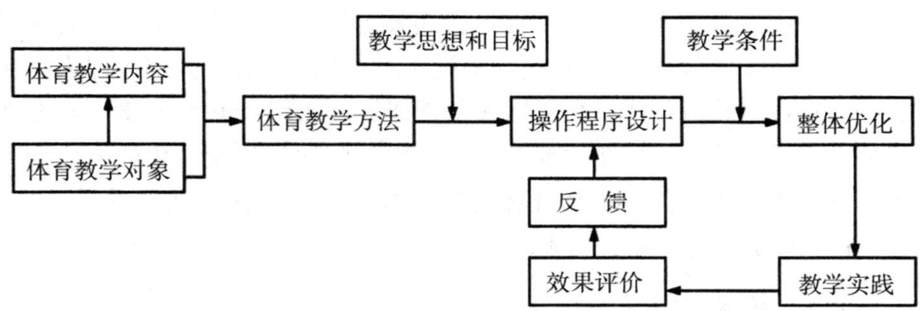

图4-3 体育教学模式的结构要素

（一）指导思想

作为体育教学模式的灵魂，教学思想是建立体育教学模式应具备的基本理论与思想基础。也就是说，在不同理论指导下所建立起来的体育教学模式是有差异的。例如，我国在20世纪80年代所建立的快乐体育，就是对当时学生产生厌学的情况所提出的，这种体育教学模式能够调动学生的积极性以及主动性，让学生养成终身体育的好习惯。

（二）教学目标

教学目标主要是指在整个教学过程所要达到的目标，也是教师对某项体育活动在学生身上将产生的效果所做出的预先估计。在整个教学过程中，教学模式就是为了完成教学目标而设立的，如果没有明确的教学目标，那么教学模式的存在就没有任何价值。由于教学目标在体育教学模式中是最为重要的一环，而且对其他因素也有着影响，所以明确教学目标不管是对体育教学模式还是对教师都是非常重要的。

（三）操作程序

操作过程就是指不管哪一学科的教学活动，在教学的过程中所实行的逻辑步骤以及每个步骤的具体做法。不同的体育教学模式，其操作程序是不一样的，但是每一种都具有各自的独特性，而且操作程序并不是一成不变的，它一定是基本的和相对稳定的。

（四）实现条件

实现条件主要是指能够发挥教学模式效力的各种条件的最佳组合和最好的方案。在体育教学模式中，实现条件的主要内容有三方面，即人力条件、物力条件、动力条件。为了这些条件能够有机组合必须想出一种全能的策略，而这条策略就是在体育教学过程中教师和学生所采用的方式和方法的总和。所以说，为了能够让体育教学模式按照一定的程序执行下去，所提出的策略必须是清晰、明确的。

（五）效果评价

不同的体育教学模式，所需要完成的教学目标也不同，所以评价标准和评价方式也是不一样的，而且每一种体育教学模式都具有适合自己特点的评价方法和标准，这样才能完成反馈过程，以便及时改正教学过程中的错误，以此来提高教学质量。

三、体育教学模式的特征分析

随着体育教学理论研究与教学实践的发展，出现了各种各样的体育教学模式，但是这些体育教学模式所研究的方向是不同的，有的研究方向是师生关系，有的研究方向是教学目标，有的研究方向是教学方法与手段，有的研究方向是在教学过程中的各种因素等。由于所研究的方向不同，所以每一种教学模式都有自己特定的范围和条件，并且范围的大小还是不一样的。即使体育教学模式比较多，但是它们还有相似之处，那就是它们的特征基本类似。

如图 4-4 所示是体育教学模式的特征分析。从图中可以明显看出，不管哪一种教学模式，都可以从图中的 7 个方面进行分析，非常简单、明确。

四、体育教学模式的功能分析

体育教学模式的功能主要从以下 3 个方面进行了分析，详述如下。

（一）中介功能

体育教学模式有一定的中介功能，在体育教学模式与体育教学实践中起着承上启下的作用。它不仅是体育教学的指导思想，还可以为体育教师提供具体的操作程序和操作策略。在这之中最关键的就是对操作策略的制定，因为体育教学活动和其他教学活动是不一样的，由于室外环境受到的干扰因素非常多，再加上学生的基础不一样，练习的效果也肯定不一样，所以，体育教师要根据一些外在因素对整个操作过程进行调整，根据不同的环境制定不一样的策略，这样才能有的放矢，达到更好的效果。

（二）预测功能

体育教学模式的建立是有一定的内在规律及逻辑关系的，因为它可以帮助教师对整个教学过程以及结果进行推断，也可以根据内在的规律推断出不同的结果，然后建立不同的假设。比如，使用快乐体育教学模式对学生进行教学，如果在整个过程中没有达到预期的目标，那就应该在实行的

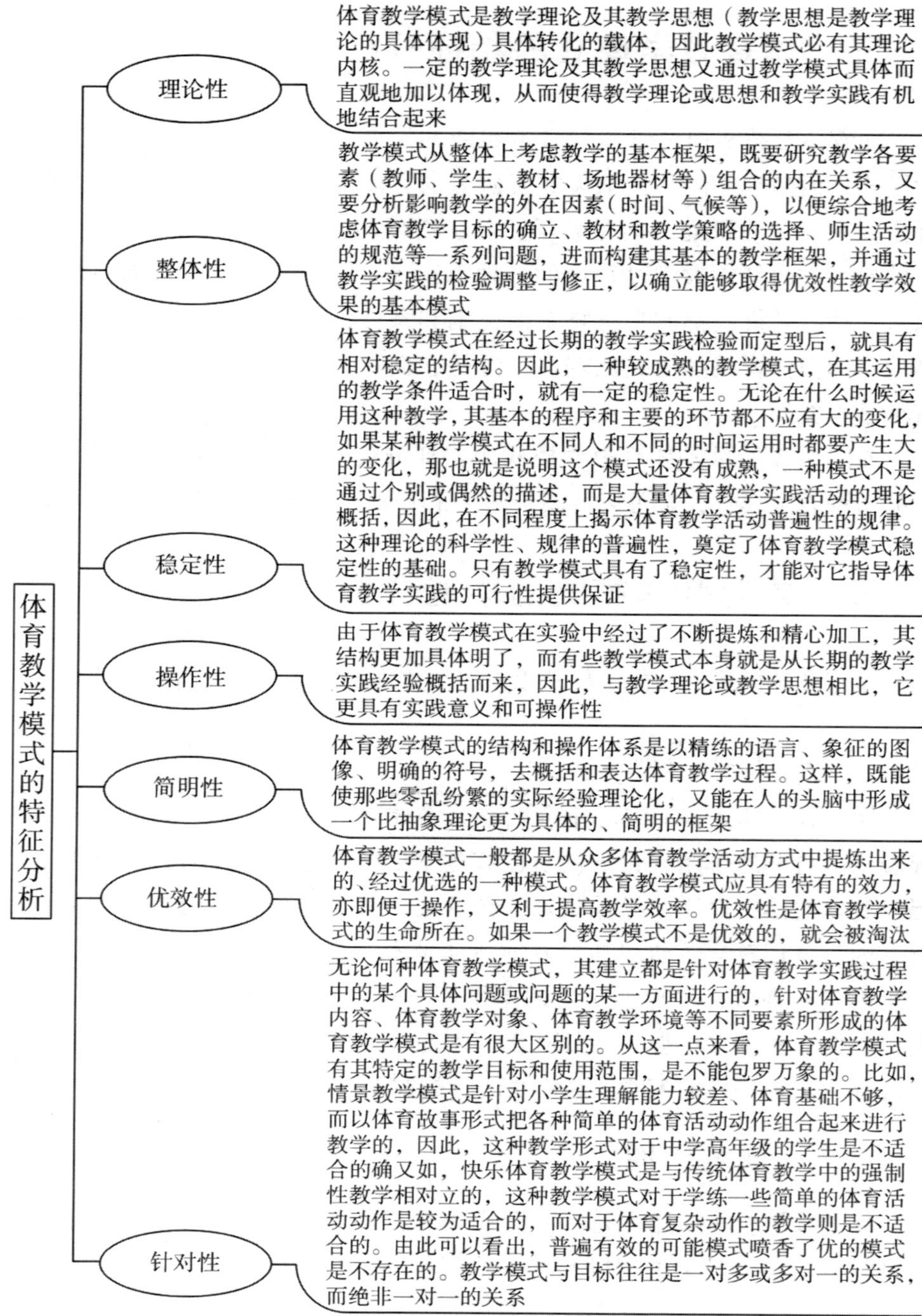

图 4-4　体育教学模式的特征分析

过程中做出调整，如果达到了预期的目标，则说明与之前的假设相吻合，那就证明理论与实践是相互统一的。

（三）调节功能

体育教学模式的调节功能是指在具体的教学条件以及环境下，要对教学模式进行实践的检验，如果在整个过程中教学模式达到了教学目标，则不需要进行调整，如果没有达到教学目标，则需要在操作过程中对每一个环节进行分析，找出没有达到目标的原因，为下一阶段的教学程序设计与实践操作打好基础。

五、体育教学模式的归类分析

研究教学模式的主要方法是进行分类研究，把它们分成若干类，从中可以看出教学模式的基本性质，也可以体现出研究的内容和方法。根据此方法和体育教学的特殊性，大概可以分为以下几类进行分析（图 4–5）。

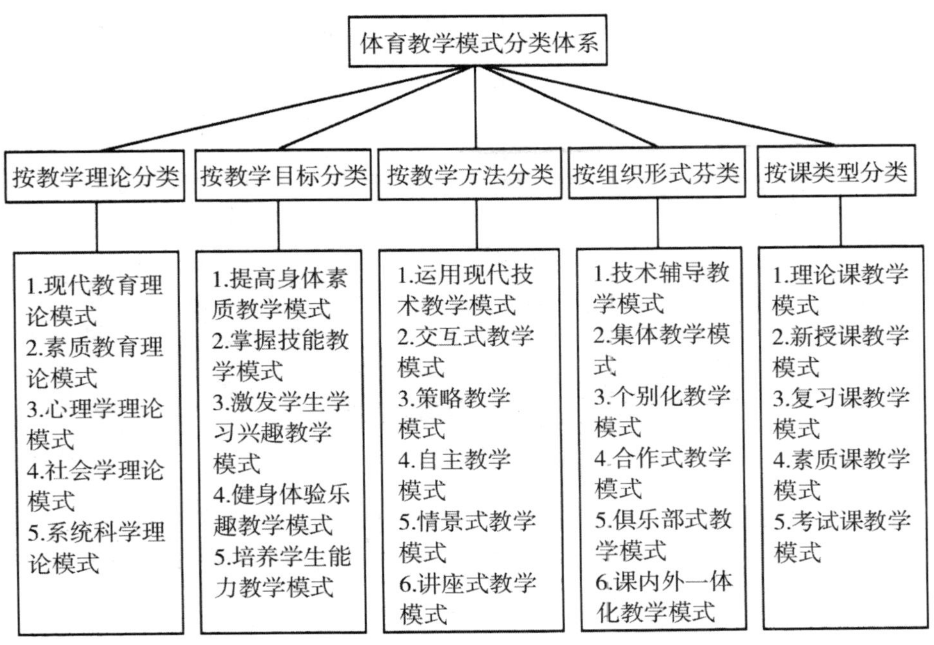

图 4–5　体育教学模式分类体系

第三节　高校体育教学模式的比较分析

体育理念是人们对体育教育的价值追求，也是形成体育教育价值取向的反映和体现。体育教育的发展方向和成效与体育教育理念的正确与否有直接的关系。目前，普通高校体育教学模式是在不同的体育理念指导下形成的。目前主要的教学模式有以下 7 种，见表 4-1。

表 4-1　7 种不同体育教学模式的比较

	并列型	三段型	一体化型	俱乐部型	分层次型	二段型	体育超市
教学指导思想	注重调动学生体育学习积极性和体育能力提高，同时注重个体差异	注重体现终身体育、健康体育等现代教育理念，注意培养学生兴趣	注重增强学生体质和学生锻炼习惯的培养	注重培养学生体育兴趣和体育运动能力	注重大学生的本质规律，从其生理、心理出发	培养学生终生体育意识，全面发展学生的爱好和特长，追求体育教育的综合性	充分发挥学生的主体作用，教师的主导作用，实行开放式教学，拓展课堂的时间和空间
教学组织形式	一、二年级同时开设基础课和专项选修课	第一学年以原教学班开基础课，第二学年按选项分班。三、四学年为选修课	早操课外活动与课堂教学有机衔接，其考核结果作为体育成绩的一部分	一年级开设专项选修课，二年级以教学俱乐部形式进行教学	按学生身体素质和运动基础划分教学班	第一学年为基础体育课和保健体育课；二、三、四学年为体育选项课	选项课、俱乐部、培训班三种教学形式的整合

续表

	并列型	三段型	一体化型	俱乐部型	分层次型	二段型	体育超市
优点	能培养学生的体育能力，注重学生个体差异	注重学生体育基础、体育能力的提高	注重学生体质锻炼，培养学生体育锻炼习惯	能较好发挥学生学习的主观能动性	培养学生锻炼、健康意识和自学能力	贯穿大学1～4学年的体育教学，注重了学生身体素质的保持	满足学生个体发展的需要，激发学生学习的积极性，能充分体现因材施教原则，重视学生个体的选择性
不足	不注重方法的掌握，过分追求运动成绩	学生的主体性思想不够，是教师为主的权威式授课制	未充分体现主体性教学思想，学生学习被动、死板	只注重个性的发展，而学生的身体素质下降，不能保持	挫伤了体育弱势群体锻炼身体的积极性	课外体育活动所需场地和器材量大，教师的工作量剧增	学生活动不固定，管理难度大，教师对不同层次学生评价、指导难度大，对场地设施要求高
教学效果	已被很多高校采用，学生乐意接受	已被多数高校采用，教学效果显著	深受学生欢迎，是目前较为时兴的教学模式之一	主要受现有条件和经济因素制约	已得到专家的认可，并在一些高校采用	已被很多高校采用，学生乐意接受	已被多数高校采用，教学效果显著

一、“三基型”体育教学模式

“三基型”体育教学模式主要为学生传授一些最基本的知识，以此来提高学生的体质。教学内容是以最后考核的内容为主要内容，而且教师在整个过程中都占据着主导作用，学生的主动性受到压制。但是，“三基型”体育教学模式能够让学生扎实地掌握基本的知识以及技能，并对学生的意志品质和集体主义精神起到不小的作用。

从我国开始进行体育教学改革到现在，很多高校仍然在使用传统的“三基型”教学模式。由于“三基型”体育教学模式在教学过程中教师依然占据着主导地位，与现在的“健康第一”教育理念是不相符的，所以这种教学模式退出历史舞台是可以理解的。

二、“二段型”体育教学模式

“三基型”体育教学模式的指导思想主要注重的是开发学生的潜能，以此来促进学生的健康成长。除此之外，还应该培养学生的终身锻炼意识，为社会培养现代化人才，而且“二段型”体育教学模式的指导思想与“健康第一”的指导思想是非常相符的，也与“素质教育”非常适应。所以说，“二段型”体育教学模式将是我国高校体育改革的方向。

“二段型”体育教学模式在具体的实践中，教师占据着主导作用，学生占据着主体地位，虽然教师在教学的过程中尽可能的满足学生的需求，但仍不能充分发挥学生主体的作用。

经过实践证明，“二段型”体育教学模式已经成为我国高校体育教学主要模式之一了。这种体育教学模式的优点在于可以使学生大学四年都能进行体育学习，不但可以增强学生的体质，还可以避免高年级因没有体育课而导致身体素质下降的现象发生。

现阶段，“二段型”体育教学模式最需要改进的是课程设置问题。经过实践证明，“二段型”体育教学模式的课程设置应该以健身性项目和技能性项目为主。这主要是因为健身性项目的难度比较小，很容易掌握，而且课程气氛比较活跃，深受学生的喜爱；技能性项目虽然竞争性比较激烈，但也是增强学生“集体主义感”的一种方法，在保持这些的同时应该稍微做出一点改变，那就是使这些项目具有健身、娱乐的功能，比如软式排球、三人篮球、小场足球等项目都可满足这些需求。学生在面对体能性项目时，就会体现出反感的状态，这是由于内容单调，智力因素所占比重较小，而且在中小学阶段已经对这种项目感到“厌倦”，所以体能性项目就不能成为“二段型”体育教学模式的主要课程设置之一。

三、“三段型”体育教学模式

“三段型”体育教学模式注重的是体育基础以及培养学生体育锻炼的习惯。其教学组织形式为第一学年以原班为整体进行基础训练，第二学年根据所选的体育项目进行分班训练，第三、四学年为选修课。“三段型”体育教学模式的缺点就是在第一学年的时候不能特殊照顾到体育优等生，而且“三段型”体育教学模式开设的课程比较多，对师资力量和场地器材都有相对较高的要求。

“三段型”体育教学模式能够很好地解决新生分班上课的问题，也能解决一些差等生的身体素质问题。对于大学生参加教育部《学生体质健康标准测试》有一定的帮助。而且经过测试后发现，大部分的学生在身体素质方面还能有所提高，所以，很多高校为了能够提高测试的及格率，就把大学的第一年设置成基础训练，并且还取得了显著的效果。

四、“并列型”体育教学模式

“并列型”体育教学模式不仅重视学生的积极性，还重视因材施教。而且“并列型”体育教学模式能够对学生的差异进行区别对待，满足学生的兴趣爱好。其教学组织形式为一、二年级同时开设基础课和专项课。虽然这种体育教学模式看起来好像是解决了区别对待和因材施教的问题，但是最后满足的还是体育基础比较好的学生，如果一直持续下去，对学生的积极性起不到一点效果。

“并列型”体育教学模式优缺点并存，但是优点更加的突出，所以深受广大学生的欢迎，缺点只要经过精心的安排与组织，就完全可以解决掉。

五、“一体化型”体育教学模式

“一体化型”体育教学模式注重的是增强学生身体素质以及培养学生身体锻炼的习惯。这种体育教学模式开展的形式主要是把课外体育活动与体育课教学有机地结合在一起。这样做最大的好处就是能够调动学生学习体育的积极性，以此来拓展学生的体育能力，还可以激发学生参加课外体育活动的意识，长期下来，能够增加学生的身体素质，高校的场地和器材也能够得到充分的利用。只不过，教师的工作量会大大地增加。

为了减少教师的工作量，有一些高校想出了很好的办法，那就是由各自的院系负责自己院系的早操以及课外体育活动的开展，体育教师的职责就是做辅助工作。这样不但可以锻炼学生的组织能力、创新能力和责任心，还不会让体育锻炼成为学生的负担，并且还能取得好的效果。由于场地的问题受到限制，有的高校只有大学一、二年级有早操，三、四年级则自由活动，虽然说这种方法在一些高校比较受欢迎，但是这种方法还是有一定生命力的，有的高校已经在进行改进了。

六、“分层次型”体育教学模式

“分层次型”体育教学模式注重的是遵循高校体育的本质规律，根据学生的实际情况，在总的教学体系指导下，建立多种多样的教学组织形式，给学生提供选择的机会。这样既能够帮助学生发展个性和创新能力，也能够帮助学生培养自觉锻炼意识和自学能力。“分层次型”体育教学模式根据学生的身体素质情况划分等级，可以激发学生的竞争心理，为终身体育奠定基础。

“分层次型”体育教学模式根据班级的不同、人与人之间的不同，在教学目标、教材安排、教学方法上是不一样的，这就明显突出了“分层次型”体育教学模式的适宜性和针对性，能够最大限度的开发学生的潜在能力。而且这种教学模式还打破了院系和专业的界限，使学生的交往范围得到了扩大，提高了学生的社交能力，为校园精神文明建设创造了一个相互学习和交流的平台。但是，这样比较难以管理，而且开设的班级也比较多，对高校的师资力量和场地有相对较高的要求。

七、“俱乐部型”体育教学模式

“俱乐部型”体育教学模式是一种新型的体育教学模式，主要是以培养学生体育兴趣和运动能力为主，在此基础上来提高学生的学习兴趣以及积极性和主动性。虽然各种教学模式在教学上的方式方法都不一样，但是它们的体育理念基本都是一样的，都是以发展学生个性，遵循健康第一，培养终身体育为主旨。由于“俱乐部型”体育教学模式在众多试点高校中反响比较强烈，也取得了不错的成绩，而且“俱乐部型”体育教学模式的内容比较丰富、教学形式也比较多，深受学生和教师的欢迎。

在俱乐部中，学生可以自由地参加不同的活动，而且还可以担任不同的角色，这就增加了学生自我学习和锻炼的机会，这对学生能力的培养以及体育骨干的培养都有积极的作用。俱乐部内都是以学生为主体，自己参加或者组织各种各样的活动，有利于提升自己的能力。对于学生来说，“要我锻炼”和“我要锻炼”完全是两个截然不同的概念，通过字面意思就能够知道，前者是被动的，后者是主动的。所以，学生在俱乐部里的成长是显而易见的。

八、“体育超市”体育教学模式

“体育超市”体育教学模式有利于充分发挥学生的主体地位与教师的主导作用，这也体现了素质教育与终身教育所追求的共同目标，对校园的多元化体育氛围的形成十分有利。“体育超市”体育教学模式比较开放，能够让学生自主选择所要上的课、上课的内容、上课的教师以及上课的时间，这样能够营造出生动、活泼、主动的学习氛围，使课堂教学与课外活动互补、学校与社会互补。

“体育超市”体育教学模式能够充分体现出因材施教的原则，并且能够激发学生学习的积极性，提高学生的体育意识。这种体育教学模式很重视学生的主体地位，以此来激发学生锻炼的动机，并且体现出“健康第一”的指导思想。这所做的一切都是符合新时期高校体育教学改革的需要。

由于“体育超市”体育教学模式比较新颖，项目也比较多，而且教学方法相对比较灵活，深受广大学生的好评，也得到了国内专家学者的认可，在21世纪的今天，这种模式的可操作性、可行性是非常大的。

对前面几种教学模式的分析可知，虽然每一种教学模式都有各自的优缺点，但是还是需要根据实际情况来选择教学模式。从目前高校体育教学模式的选择情况来看，“俱乐部型”“二段型”“体育超市”这三种受到的欢迎程度比较高，而且具有强大的生命力，用发展的眼光来看待这件事，这几种模式很有可能成为21世纪我国高校体育教学的主要模式。

第四节　高校体育教学模式的整体优化创新研究

在现阶段，体育教学所面临的重要课题就是怎么能在短时间内让学生掌握更多的知识、技术和技能，来达到增强体质、发展个性的目的。为解决此问题，首先需要做到的一点就是将体育教学模式中的各个因素组成一个闭合回路，能够让体育教学模式在这个回路中畅通无阻，然后再经过体育教学模式的优化加以解决。同时，随着社会的快速发展，体育教学理论不断地更新，出现了很多新的多元化体育教学模式，为了能够让这些新的多元化体育教学模式实现自己的教学目标，也需要对它们进行优化处理。通过对各种体育教学模式的深入研究，就会发现它们有一条公认的基本特征，那就是“要素—结构—功能”，这条基本特征为我们优化体育教学模式提供了基本思路，也就是优化体育教学模式各要素—创立或优选结构—形成体育教学模式整体优化。

一、体育教学模式整体优化的含义

体育教学模式的整体优化是指体育教师运用综合性观点，对体育教学模式分析的基础上，通过优选体育教学模式方案和科学地组织体育教学，在已有的物质基础条件下用最少的时间和精神获取最佳的体育教学效果。

二、体育教学模式整体优化的理论依据

（一）系统科学整体优化原理

按照系统科学理论的思想和观点，任何事物、过程并不是各自孤立和杂乱无章的偶然堆砌，而是一个由各个部分组成的合乎规律的有机整体，而且它的整体功能要大于各部分功能之和。系统科学理论同时认为，任何系统只有通过要素和结构的优化，才能实现其整体功能的优化。根据系统科学原理和体育教学模式的概念特征，优化体育教学模式应优化理论要素、体育教学目标和教学内容，改造主客观因素，优化教学条件，改进教学组织形式与方法，优化教学过程结构、建立科学的课程标准评价体系等，才能实现体育教学整体功能优化。

（二）巴班斯基的教学优化理论

巴班斯基的教学优化理论，不是着眼于教学活动的各个变量和推演，而是着眼于教学过程的整体最佳的效果与效率。他给教学最优化所下的定义是："教学优化可以说是从解决教学任务的有效性和师生时间消费的合理性着眼，有科学根据地选择和实施该条件下最好的教学方案。"他把教学最优化的理论和方法看作是科学地组织教育活动的一般理论的一个要素。科学地组织教育活动的一般理论认为按照科学理论依据来拟定教学目标，明确教学任务，创造必要条件，选择优化的方案，并随时进行调整、检查和考核。巴班斯基认为，如果不选择最优教学方案，实际上是不可能科学地组织教学活动。选择整体优化的教学模式是教学优化的前提。巴班斯基强调,辩证唯物主义的系统方法是选择优化教育决策的方法论基础,在做出决定时,只有考虑系统各个成分之间的一切规律的联系,才有可能选出优化的教学方案。巴班斯基教学过程最优化理论在教学论上被认为"有助于教师最优地制定教学方案和组织教学过程以获得最佳效昊"的一种教学理论。

三、体育教学模式整体优化的原则

整体优化体育教学模式时，应遵循以下原则：

（一）整体性原则

用整体的观点考查体育教学模式，其实就是将体育教学模式看作一个系统，它由纵横两个轴向构成，纵向是由学年、学期、学段、单元和课时组成；横向是由实现教学的手段、方法组成。用这种整体的观点可以更好地认识体育教学模式，才能对体育教学的大环境做一个具体的、整体的判断和分析。

（二）关联性原则

（1）教学目标和学生接受程度相匹配。学生能够理解和接受教师在教学目标设定中的高度和梯度，并能够按照教学方案实施进行，这就可以有效的达到教学目标。反之，有五成及以上的学生未能达标，教学目标就应该重新设定或更换。

（2）教学条件的利用程度和学生训练达标层次的相关性。体育教学在已有条件的利用上，总有一些相关条件的限制，例如，器材的陈旧、场地的不足、可利用器材和人数上的不成比例，这使得教师在制定教学目标时要考虑学校的实际情况。

（3）在教学中，对学生情况的检测和体能、体质的分配。体育教学和其他课堂教学的最大不同，是除了应有的理论教学外，它有大量的运动技能学习，这是需要学生绝对参与并亲自练习的动态式教学。

（三）综合性原则

体育教学是一个复杂的系统，涉及的因素比较多，如教材的难度、场馆的设施、天气的变化等，而这些因素都可以成为选择体育教学模式的关键点，所以在体育教学模式制定中要从综合的观点考虑这些因素，优先体育教学模式方案，综合思考体育教学模式的优化原则。

四、体育教学模式整体优化的标准

巴班斯基认为：“任何研究都应当有明确而具体的标准，只有这样，研究者才能按照这些标准来评价所提出整套措施或者一定教学方法的优化程度。”由于体育教学模式的指导思想、教学目标、操作程序等各不相同，体育教学模式优化的标准是最难制定的。从体育教学理论和思想上看，不论是传统的还是创新的，对体育教学都有一定的要求，都要对体育课堂教学和体育教学模式提出具体的要求，这些要求也正是评价体育教学模式的标准。

体育教学模式整体优化必须要有明确的目标。学生根据这个目标进行学习，教师根据这个目标进行教学。在教学之前要了解学生对该内容的掌握情况，并以此为起点，看其提高的程度。学生积极参与教学的程度，可以从他们积极参与教学的热情上来衡量。体育教学模式整体优化的标准有以下两方面。

（一）效果标准——体育教学效果优化

通过对体育教学进行优化，就是让体育教学达到预期的目标。虽然不同的体育教学模式所研究的方向是不一样的，但是不管哪一方面，只要能够让学生达到预期的目标或任务就行，这才算达到真正的效果最优化。而且在体育教学中要根据体育教学目标、教学任务和教学要求，然后再根据学生的体育基础和身体能力特点，发挥出学生的最大能力。

（二）效率标准——体育教学效率优化

体育教学效率优化是指要达成教学任务或目标时所消耗的时间、精力和费用是十分合理的。所以，不管使用哪一种体育教学模式，都要体现出省时、省力，只有这样的体育教学才能算是效率优化的体育教学。

在体育教学中使用整体优化效率需要注意两方面的问题，分别是：

（1）要注意学生的全面发展。首先需要注意的是学生在掌握体育知识、提高身体素质和健康水平的全面发展；其次需要注意的是学生在思想品德的形成和个性的全面发展。

（2）要注意区别对待和统一要求相结合。这样可以使学生在发挥自己最大潜能的范围内完成体育课程标准和体育教学计划的要求。

所以，效果标准和效率标准之间有一种十分密切的联系，但也有一定的区别。效果主要体现在体育教学的质量问题，效率主要体现在体育教学的数量问题，只有将两者都处理好了，所得到的教学才是最优化的，也就是说，体育教学模式整体优化必须是体育教学效果和效率的有机统一。

五、体育教学模式整体优化的内容

教学思想、教学内容、教学程序、教学方法、教学条件等都是影响体育教学模式结构的因素，在这些影响因素中选择教学内容为逻辑起点和突破口，对多元体育教学模式进行优化。

（一）根据不同教学思想优化体育教学模式

体育教学模式的灵魂就是体育教学思想，不同的体育教学思想能够赋予不同的教学模式生命力，并促使教学模式沿着正确的航线行驶，以达到预期的目标。教学思想的构建需要对教学内容进行精选，由于教学思想的多元化，教学内容的选用也体现了多样性、复杂性的特点。为了能够让教学思想条理化、精确化，根据高校体育指导思想的大方向对教学内容进行精细划分，大致可以分为精细教学型内容、介绍型内容两类。这两种不同类型的教材所隐含的教学思想和教学目标是不同，具体情况如图 4-6 所示。

从图 4-6 中可以了解到，精细型教学内容包括三种教学思想，分别是：学习多项技术，初步掌握几项技能；培养终身体育；身心健康。其中最重要的一种是学习多项技术，初步掌握几项技能。这是因为在高校学习时有好的场地和好的器材，也有非常专业的教师，可以对学生进行专业的指导，

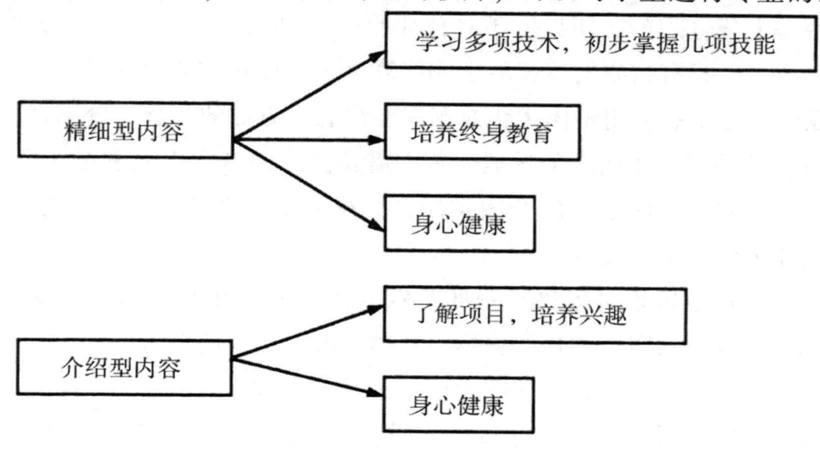

图 4-6　不同类型教学内容的体育教学目标

让学生能更快掌握专业技能，学生还可以根据自己的喜好来选择相关的运动，让其发展为自己的目标，以此来促进自己的指向性发展。根据字面意思可以了解到，学习技术、初步掌握运动技能是外在的锻炼，培养终身体育意识和习惯是长期锻炼所形成的，身心健康则是通过体育锻炼达到身体与心灵同时健康。这种教学方法已经把教学思想和教学目标所确定，也就是为教学模式指定了方向，所使用的体育教学模式应该以心智类体育教学模式和运动技能类体育教学模式为主。这两种体育教学模式起主要作用的还是心智类教学模式，它可以通过场景设置来启发学生的想象力，让学生明白动作技术的意义，这样能够激发学生的主动性和积极性，进入最佳的学习运动技能状态。

介绍型教学内容主要以了解体育项目、培养兴趣、增进健康为主，不需要学习一些难度较大的运动技能。因此，这类教学模式应该以情感体验类教学模式和体能训练类教学模式为主要的教学模式，让学生在没有高难度动作的宽松条件下来提高自己的身体素质。

（二）根据单元教学不同阶段优化体育教学模式

在体育教学模式中，“单元教学”是一个非常重要的概念，它能够根据项目中不同的环节，重点主次来安排不同的教学任务、教学步骤、教学方法，确保每个环节的衔接，顺利地完成整个体育教学。在单元教学的过程中，根据课程、阶段的不同应该有主次之分，所以，在教学模式上的选择就有了差别，用图表示如图 4-7 所示。

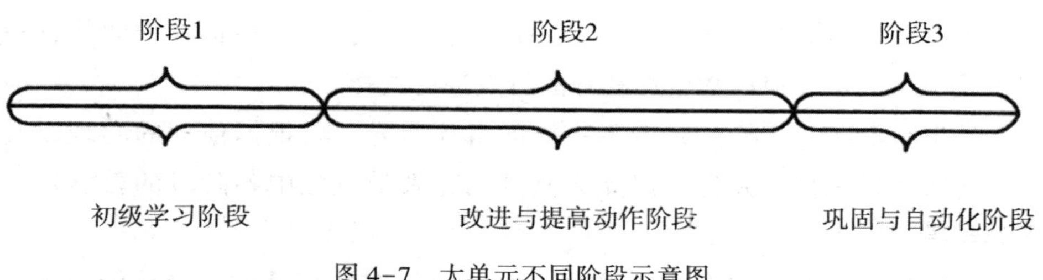

图 4-7　大单元不同阶段示意图

在第一阶段学习的时候，学生对一些动作技术缺乏一定的了解，所以，教师应该先讲解学习这些动作技术的要领，以此来引导学生更快地进入学习的状态。此时教师应该选择的体育教学模式有情景教学模式、启发式教学模式、发现式教学模式、领会式教学模式等；在第二阶段学习的时候，由于学生已经掌握了一些动作技术的要领，教师应该选择模仿式教学模式、程序式教学模式等技术教学模式，这样不仅可以纠正学生的错误动作，还可以全面地提升学生动作的质量，并督促学生进行大量的练习；在最后一个阶段的学习，由于学生基本掌握所学的运动技能，应进一步重复学习和巩固，并注重一些细节问题，所以，在此阶段应该以能力培养模式、自学式教学的模式、成功教学模式等教学模式为主。

（三）根据不同的外部教学条件优化体育教学模式

体育教学条件主要分为两类，即固定的硬件、不固定的硬软件。通过优化，使不同的硬软件进行组合，使之针对具体的教学目标、教学内容，并通过对场地进行合理的布置、运用多种教学辅助手段来实现不同的教学目标。

体育教师的不同所使用的体育教学模式也不一样，自然而言体育教学方法和手段也是不一样的，所产生的最终效果也是不一样的。如果所有教师使用同一种体育教学模式，所产生的效果也是不一样的，这是因为每个教师所选择的教学方法和外部条件的组合方式不同。所以，每位教师应该根据实际情况，选择合理的组合形式进行体育教学，只有这样才能产生最佳的体育教学效果。

（四）根据学生基础优化体育教学模式

在体育教学活动中，学生是主体，教师起着主导作用，主体因素和主导因素在教学活动中是最为重要的一部分，所以，在选择什么样的体育教学模式时，一定要根据学生和教师的特点进行选择。

学生在不同的年龄段有着不一样的身体差异，要根据他们的心理以及生理进行因材施教，并且要以此为基础构建教学过程中各阶段的教学目标和教学模式。

在同龄学生身上也存在着差异，由于他们在体育基础、接受能力、个性等方面有所不同，所以，要根据这些情况对他们进行分组教学并且选择合适的教学模式，只有这样，才能有的放矢，达到较好的教学效果。

教师的主导方面也存在着差异，不同的教师有不同的学历、知识结构、能力水平、教学风格等。所以，教师一定要根据自己的实际情况选择一种适合自己的教学模式，并且要跟上时代改革的步伐，不断地提升自己，使自己掌握更多的教学模式。

六、体育教学模式整体优化的途径

（一）优化体育教学目标，使之具有明确性

体育教学目标在整个教学过程中是需要最先解决的问题，因为它对教学内容的组织、教学方法的实施、教学结构的构建起指导和统领作用。所以，在确定教学目标时，一定要具有明确性、科学性以及可操作性，并且体育教学目标的最终确定一定要有利于教学设计、监控教学过程、教学评价等。

（二）优化体育教学内容，使之具有可学习性

体育教学内容就是教师和学生在上课时直接接触到的材料，它是体育教学过程中最基本的组成部分，而且受欢迎的程度也是直接影响着教学目标的完成情况。所以，优化体育教学内容就是要选择一些具有可学习性的，并且深受学生欢迎的内容，也可以对一些竞技项目进行改造，使它们更具有材料性。

（三）优化体育的课堂教学结构，使之具有合理性

课堂结构是一个复杂的系统，也是体育教学模式的主要表现形式，课堂结构不仅是教学活动的各个环节、步骤的具体安排，更是教学目标、教学内容和教学办法等的具体体现。在优化体育教学课堂结构时，不能只注重局部的优化，要进行整体优化，使课堂结构的各要素都要相互协调、相互促进。

（四）优化体育教学方法，使之具有实效性

体育教学方法就是在整个体育教学模式中，教师和学生为了实现体育课堂教学目标而采取的方法。优化体育教学方法要使方法的选择适应教学内容、适应学生的基础水平，能够让学生在最短的时间内掌握更多的知识

以及技能。教学方法的选择要有科学性、高效性、创新性。

（五）优化体育教学评价，使之具有激励性

在体育教学模式中最为重要的一个环节就是体育教学评价，而且在评价时必须运用科学的方法，根据教学目标对整个过程进行全面的评价并做出准确的判断。优化体育教学评价最重要的是突出评价的激励作用，而且要注意评价的全面性、民主性和发展性，并且使评价成为学生学习的动力。

七、新课程理念下体育教学模式整体优化的框架

根据对体育教学模式优化理论的了解，可以看出各种各样的体育教学模式都是根据教学目标、教材和学生发展水平组合形成的。对学生体育与健康意识的培养、体育能力的提高以及个性培养都有良好的效果。具体的组合框架设计如图 4-8 所示。

在新课程理念下，通过设计体育教学模式整体优化的框架，以实现条件中三种变量（目标变量、学生变量、教材变量）、五种组合来构建体育教学模式，是实现高校体育教学目标的最佳途径。

总而言之，体育教学的整体优化对体育教学的改革有着指导的意义。在此基础上，对体育教学模式有影响的因素进行整合，然后构建符合本校特点、整体优化的体育教学模式。

八、体育教学模式整体优化的应用

体育教学模式整体优化的应用主要有以下几点，分别是：

（1）教师做好课堂设计。体育教师对课堂的设计要有宏观和微观的双重把握，对学生整体的调度和参与可能性要有把握，对个别情况的出现要知道如何应对。课堂设计的灵活性和可操作性是体育动态性课堂教学的基本要求。

（2）学生的参与度是课堂教学环境开发的首要因素。体育课堂教学和理论教学对学生参与度的关注是一致的，只是在学生的调度上，以动作技能训练为主教学，要求学生现场练习、测试、纠错、改进并达到基本水平

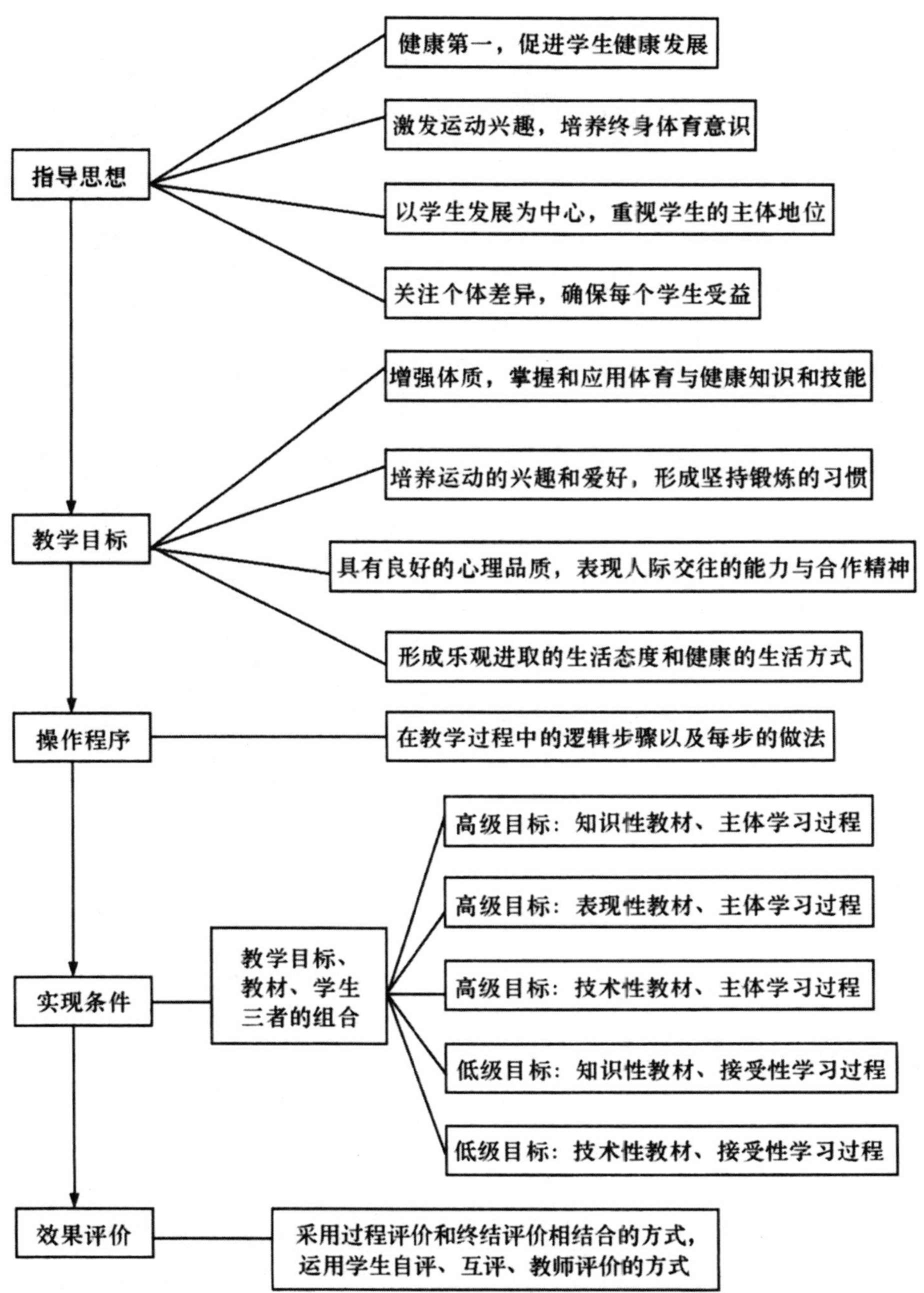

图 4-8 新课程理念下体育教学模式整体优化的框架设计

及以上的标准。

（3）教学测试作为教学改进的量化参考。检测教学结果的主要方式仍然是测试。体育教学的测试，在随堂训练中、阶段训练中、学期末考试中都可以交叉进行。

第五章 科学创新教育思想在高校体育教学中的应用

在我国高校体育教学中，科学思想为高校体育教学指出了发展方向，这为高校体育教学方法的创新提供了强大的助力。现代高校的体育教学模式越来越科学、合理，创新性很强，在科学思想的指导下有助于实现教学目标，并且能够提高高校体育的教学质量。另外，高校体育教学的科学技术手段也在实践中不断丰富，有利于高校体育教学活动的顺利进行，可以为我国体育事业培养更多的高素质人才。

在科学思想的保障下，创新思想是高校体育教学的必然选择，也是普通高等教育发展的内在要求。21 世纪，高校体育要继续深化教学改革，促进高校体育教学高质量发展，实施创新教育是高校体育教学发展的必然要求。

第一节 科学思想在高校体育教学中的应用

随着高等体育的发展，新时期的高校体育教学要顺应时代潮流，了解科学思想的社会价值，紧跟时代的发展趋势，这样才能有效地提高高校体育教学的质量和效果。

一、高校体育教学应重视培养学生的自主能动性

（一）激发学生的体育兴趣

现代高校体育教学相比较传统高校体育教学，不再是以教师为主导，高校体育教学过程中要以学生为中心，教师要最大限度满足学生的体育需求。针对学生不同的体育兴趣，老师要以欣赏的眼光对待学生，让学生在体育活动中拥有自主选择权，这样有利于激发学生体育训练的热情，充分

调动高校学生在体育教学中的积极性，为高校学生的终身体育奠定坚实的基础。所以，高校开展体育活动时，要注重培养学生对体育运动的兴趣，使学生自觉地参加到运动当中，以后面对新的体育运动时不会再有胆怯的心理，不断提高他们的自信心。另外，高校体育教师在传授体育与健康的基本知识和运动技能的同时，要使学生掌握体育运动的训练方法，选择自己喜爱的体育项目，体验锻炼身体的乐趣，逐渐形成终身体育的意识和习惯。

（二）培养学生的探索精神

英国著名散文家理查德·杰弗里斯说过："知识的奇特在于，谁真正渴望它，谁就能最后拥有它。"所以，在高校体育教学的过程中，一定要培养学生积极、主动、乐于探索的精神，不惧挑战敢于尝试新的知识。不同的教学阶段始终要以学生为主体，教师只有掌握了学生的学习规律和发展状况，这样才能将学生培养成体育教学活动的真正主体，提高学生学习的积极性，完成高校体育教学的目标和任务。

（三）教师设计的体育活动要科学化

高校体育教学内容的选择至关重要，教师在对体育课程进行设计时，一定程度上已经决定了学生是否会有较大的积极性，是否会主动参与到体育教学过程当中。相比其他学科而言，体育课程的学习压力相对较小，而且还带有一定的娱乐性，可以让学生充分感受到体育活动的轻松。体育教师要把握机会帮助学生卸掉上完文化课后的包袱，减轻压力，使学生展现自己的运动活力。学校在规划体育课程的过程中，要充分结合学生的学习情况，尽量选择一些欢快娱乐的教学内容，为学生创造一种轻松的学习氛围，并为学生提供可以展示自我、释放自我的平台。通过不同的教学手段和措施，就可以使学生很乐意参与到高校体育教学当中，提高他们对体育运动的积极性，让学生在教学中真实感受到体育运动的乐趣和价值，最终将感兴趣的体育运动转化为自己的个人爱好。

二、有效实施"阳光体育"

2006 年 12 月 30 日，国家教育部和体育总局联合颁布了《关于开展全国亿万学生阳光体育运动的通知》，正式提出了“阳光教育”的教育方针。在该方针的指导下，“校园阳光教育”在内容选取方面，要充分彰显出“时代性、持续性和针对性”，帮助学生提高自己的体育能力，激发学生的运动能力，使他们可以自觉参与体育运动。在内容决定形式的前提条件下，“校园阳光体育”的活动形式选择，紧密结合不同的活动内容和目标任务，如早操、下午活动等方式，不断丰富体育内容，开展不同类型的体育活动，进而实现终身体育目标。

终身体育是高校学生从进入社会伴随自己成长的教育过程，其特点主要表现出自觉性和自主性。高校学生参加工作之后，身体素质相对降低，实施终身体育有助于提高学生的身心健康和增加娱乐效果，然后根据自己的身体状况和特点，结合自己的工作需要和职业特点自由选择体育锻炼内容，使人们的运动能力进一步提高，强化自己的身体素质。在深入了解终身体育之后，可以发现其锻炼内容、时间、地点等都具有很强的自觉、自主特点。随着高校体育教学的深化改革，终身体育思想对高校提出了更高的要求，学校的领导和教师要以培养学生的个人兴趣为重点，大力发展学生的素质教育，有利于提高学生的锻炼意识，从而实现学生综合发展的最高目标。

第二节　新时期高校体育教学的新发展

随着高校对体育教学的重视程度越来越高，新时期高校体育教学得到新的发展。高校体育教学不断深化改革，高校体育教学水平要想达到一个高层次的教育目标，就要综合考虑目前的发展情况，总结前人的发展经验，优化完善教育思想和教学模式，将国外先进的思想和模式引进我国进行示范教学。根据我国目前的国情和状况，对高校体育教学进行深层次的研究，不断创新课程教学，这样才能保持高校体育教学的科学性和时代性，有效促进高校体育教学全面发展。

一、现代高校体育教育新理念

现代高校体育教学的思想与传统教学相比，现代体育教学思想更符合时代的发展需要，传统的体育教学只注重理论知识的传授，基本不组织课外体育活动，而在现代高校体育教学中，学生的身心健康全面地发展才是高校体育的教学目标。现代体育教学思想认为体育教学是为学生提供服务的，要牢牢确立学生的主体性，始终贯彻以人为本的教学思想。高校体育教学思想与时俱进、不断创新，产生了许多符合现代高校体育发展的教学理念，如“健康第一”“终身体育”“以人为本”等。新时代背景下，这些全新的教学理念得到了快速的发展，高校在开展体育教学工作中要与这些先进理念有机结合，这样才能彰显现代高校体育教学的时代性和创新性，有利于现代高校体育教学全面地发展。

（一）“健康第一”的教学理念

健康教育的基本理念是指学生在身体、精神和社会上具有良好的适应能力，高校体育教学在健康教育思想的影响下提出了“健康第一”的教学理念。

1. “健康第一”教育理论符合社会发展的要求

专业人才和劳动者素质的竞争是现代社会竞争的主要对象。从国家的角度来分析，要想一个国家长期处于快速发展的状态，就需要培养更多的高素质专业人才。新时期背景下，国家发展和建设的步伐进一步加快，仅有丰富知识和技能的高端人才已经无法满足社会需要，还要有强健的身体，知识与健康要统一协调发展。所以，为了满足现代的人才标准，高校体育教学倡导学生树立“健康第一”的教学理念，注重学生身心健康的全面发展，另外对学生进行素质教育，有利于提高学生的运动能力和知识技能。

根据研究人员的调查发现，现代高校学生的营养质量得不到保障，高校学生当中发现营养不良和体重问题的占整体的35%以上。这种问题的出现必然会对高校体育教学产生不良的影响，影响学生综合素质的提高，严重阻碍了我国高校体育教育事业建设的步伐。如果这种问题得不到改善，高校体育教学目标就无法满足现代社会的人才需求。所以，为了改变这种不良情况，我国相关部门要制定一系列指导方案，各个高校要按照方案要求不断改进，总结之前的经验和教训，不断深化高校体育教学改革，完善体育教学目标，要从本质上解决高校体育教学中出现的问题，从而提高学生的身体素质。大量的实践与研究发现，学生积极主动地参加体育锻炼，不仅能够增强自身的体魄，还能大大提高学生的心理素质，这对于国家及整个社会的发展都是非常有益的。

2. “健康第一”教学理念的主要任务和目标

（1）科学规划教学目标，合理搭配教学内容。随着科技的发展，社会已经进入信息技术的时代。传统的体育教学内容已经无法满足现代人才的建设需求，高校体育教学要紧跟时代潮流，与时俱进、不断创新，传授学生更多的体育知识与技能，提高学生的综合素质。高校体育教学目标当中，增强学生的个人体质是最重要的目标之一。高校体育教学应根据学生体质健康测试标准，并结合学校的具体实际，科学规划教学目标，合理搭配教学内容，让学生选择自己喜欢的运动项目，表现出自主参与的积极性，帮助学生学习健康的锻炼方法和运动技能，进而树立终身体育锻炼的意识。

（2）不断改进体育与健康教育体系。高校体育是一门知识非常全面的学科，其中包含的内容有体育人文学、运动人体学和健康教育学等，让学生在高校体育教学中感受到体育的人文性和科学性，并且要不断提高学生对体育运动的积极性，培养学生的锻炼意识，使学生自觉地参与其中，让学生充分意识到高校体育教学真正的意义。另外，高校教师要帮助学生学习身心健康发展的基本知识，如远离毒品、预防艾滋病等，促进学生养成良好的生活习惯，保持健康的心理素质，不断改进体育与健康教育体系。

（3）高校体育教学是为学生的健康体质提供服务的。在“健康第一”的教学理念指导下，高校体育与健康教育要以提高学生体质、学习体育技能、培养全面发展的合格人才为目的。其中，提高学生体质的手段是运动训练，同时还要注意体育锻炼时的注意事项，避免发生运动损伤，为学生提供更好的教学服务。

（4）贯彻“学校教育要树立‘健康第一’的指导思想”。随着经济的快速发展，现代社会的竞争力越来越大，国家对人才的标准越来越高，仅靠丰富的知识和较高的智慧已经无法满足社会人才需求。进入新的发展阶段，国务院提出了“健康第一”的高校体育教学思想，在高校体育课程当中要注重培养学生的锻炼意识，关注学生的身心健康，努力培养强健体魄、心理健康、团结拼搏的高端全能型人才。现代高校体育教学中，要始终坚持“健康第一”的教学理念，要从过去单一的“增强体质”理念转变过来，确立现代高校体育教学发展的新目标。

3. “健康第一”理念的实施途径

为了适应时代的发展，各地区高校要首先树立“健康第一”的指导思想，始终贯彻学校的体育教学改革，这是新时代高校必须要完成首要任务。在“健康第一”教学理念的指导下，学校进行健康教育的途径要从以下4个方面重点考虑，如图5-1所示。

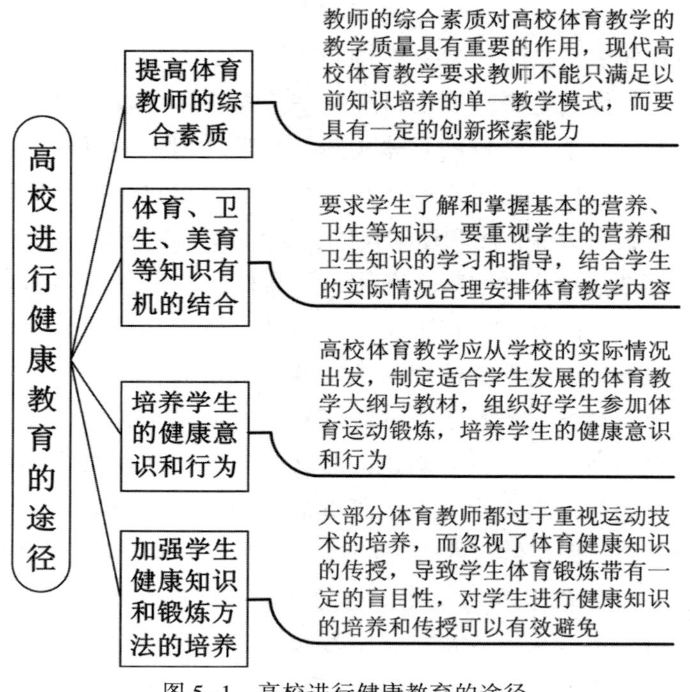

图5-1　高校进行健康教育的途径

从图中可以看出，现代高校体育教学要将运动技术与体育理论知识相结合，在重视运动实践的基础上传授学生相应的健康知识，在掌握和了解学生的体育兴趣之后，要重点关注学生喜爱的体育项目，开展更多学生感兴趣的体育活动，逐渐培养学生自主锻炼的意识，最终实现学生全面发展的教学目标。

（二）“终身体育”的教学理念

随着高校体育的快速发展，终身体育理念在学校体育教学中已经占据了主导地位，并且在各个国家的高校体育教学中的重要性非常显著。为了提高我国高校体育教学质量，帮助学生不断学习理论知识，必须让学生形成以健康为导向的体育思想，只有坚持科学、合理地锻炼才能不断提高身体素质，这样才能达到终身体育的教学目标。

1. “终身体育”教学理念概述

20世纪70年代，日本学者最早提出了“终身体育”的教学理念，20年后这种教学理念传入中国。随着社会的发展，终身体育教学理念在我国教育事业中得到了更多的认可和学习。终身体育是一个人从生命的开始，到生命结束，在整个过程中都要参加体育锻炼，使体育成为日常生活中必不可少的内容。现代高校对体育教学的重视程度越来越高，国家相关部门也在不断强调体育在学校教育中的重要性，终身体育教学理念在学校体育教学中的地位不断提高，逐渐成为一种适合社会发展的体育教学思想。

我国研究人员做了大量的调查和分析之后，认为高校体育教学在终身体育教学理念的指导下，可以加快我国高校体育工作的进展，树立终身体育教学理念是高校体育教学目标改革的关键，也是高校体育发展的落脚点。为了满足现代高校体育教学的发展，教师作为学生的指导者，要引导学生正确认识终身体育思想的社会价值，掌握终身体育教学理念的体育价值，帮助学生学习更多的体育技能，了解更多体育锻炼效果的评价方法，为学生的终身体育教学奠定坚实的基础。

2. “终身体育”教学理念的培养

（1）帮助学生建立终身体育的健康思想。培养学生的终身体育思想首先要确立学生的体育意识，高校体育教师可以在教学过程中帮助学生端正自己的学习态度，给学生制定适合自己的体育目标，培养他们的自主能力，提高学生对体育活动的热爱，充分调动学生在体育锻炼中的积极性。同时，传授学生体育运动的技能和技术过程中，也要关注学生体育理论知识的学习，帮助学生正确认识终身体育的教学理念，最终实现个人的体育价值。

（2）丰富高校体育教学的内容。受传统教育的深远影响，长期以来我国的教学方法主要还是采用单一传授的方式，课堂中讲解的内容被限制在教材大纲范围内，没有更多的创新与拓展。在这种教学模式下，学生在课堂中的学习热情和创造力受到严重束缚，进而导致学习的质量和水平无法得到有效提高。随着教育制度的逐渐完善，教学方法得到了很大的创新，不断丰富体育教学内容，提高学生学习的积极性，有效改善师生的学习观念。

（3）不断调整高校体育教学的目标。现代高校体育教学中，使学生单一学习有机体生物学的改造已经无法满足其内在自我实现的要求。高校体育教学是培养我国高素质体育人才的重要环节，对发展学生的身体素质和心理健康有着重大的意义和作用，能够促使学生完成终身体育的目标。因此，高校体育教学应树立强身育人的目标，贯穿终身体育的主线，在培养学生基本知识与技能的同时，促使学生全面了解终身体育的重要价值。

（4）改善场地、器材和管理的条件。体育活动需要在一定物质条件下才能进行，包括体育锻炼的场地、设备和器材，有了这些物质基础就能顺利开展高校体育教学活动。所以，为了更好地利用这些物质基础，各大高校应该不断完善校园场地和设施的使用制度，制定合理的配备标准，这样就可以为学生创造有利的训练环境。

（5）培养和提高学生的思维能力。为了满足现代高校体育发展的新目标，高校体育教师不仅要提升学生的体育专业知识和技能，还要培养学生灵活的思维能力。灵活的思维通常是在复杂多变的情况下产生的脑力活动，为了使学生自身形成这种灵活的思维，高校教师可以在平时的教学活动中帮助学生完成一些举一反三的思维训练。

（6）提高学生的综合体育素质。我国高校开展体育教学的主要目的就是为了提高学生的运动能力，通过日常的体育锻炼，促使学生形成积极、主动的锻炼意识，为形成终身体育奠定基础。

3. “终身体育”教学理念的特征

在高校体育教学中，“终身体育”教学理念对促进我国高校体育事业的发展产生了重要影响，为了深入了解“终身体育”教学理念，对其特征进行了简要研究，主要包括 4 个方面，即锻炼目的的实效性、锻炼时间的终身性和锻炼群体的全民性，如图 5-2 所示。

4. “终身体育”教学理念对高校体育教学的影响

随着高等教育制度的不断改革，高校体育教学水平得到很大提升，在“终身体育”教学理念的指导下，提高了高校体育的教学质量，并对高校体育教学产生了重要影响，主要包括 4 个方面，分别为满足社会对体育教育人才培养的需求、推动新时代高校体育教学的改革、满足学生未来体育生活化的要求和推动我国人文体育的建设与发展。由于本书篇幅有限，下面

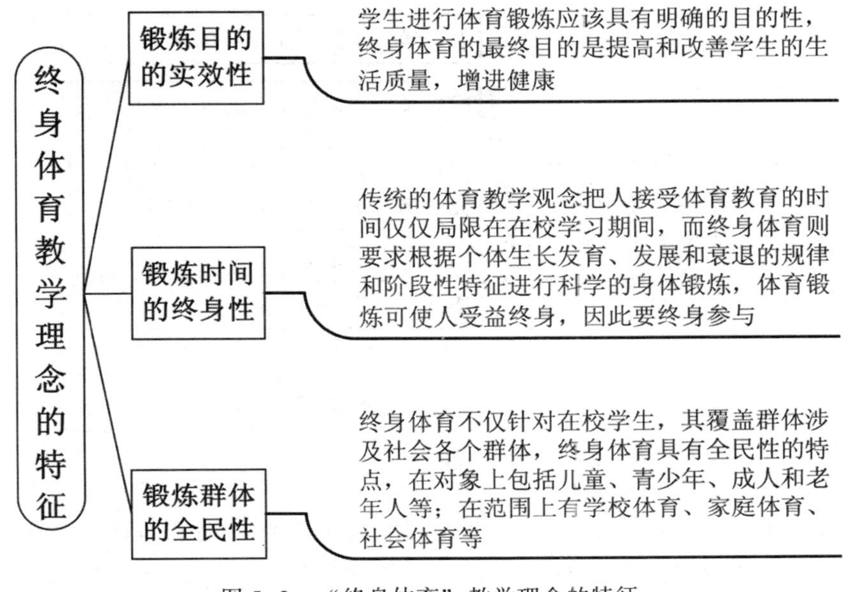

图 5-2　“终身体育”教学理念的特征

仅对各种影响展开简要的讨论。

（1）满足社会对体育教育人才培养的需求。在我国高校体育教学中，“终身体育”教学理念具有重要的指导作用，它能够充分发挥体育的教育作用，促进学生身心健康地发展，全面提高学生在社会中的适应能力，有利于培养学生的综合素质，满足新时代体育教育发展的人才需求。

在高校体育教学过程中，要实现学生终身体育发展与社会需求二者的结合，需要重点做好六项工作，如图 5-3 所示。

（2）推动新时代高校体育教学的改革。由于长期受到传统教育思想的束缚，片面地注重体育技能、技术方面的教学，忽视了其他方面内容的重要性，最终产生了一系列教学问题和困难。另外，高校学生走出校园进入社会后，很多人都不再参加体育锻炼，自身的身体素质每况愈下，体育能力不断下降，在社会的道路上阻碍了自己前进的脚步。在“终身体育”教学理念的指导下，创造新的教学模式，有利于推动我国高校体育教学工作的实施。

（3）实现学生未来体育的生活需求。体育活动是学生一直喜欢的娱乐项目，不仅能锻炼身体，还能释放工作压力，增加了学生生活的娱乐性。随着高校体育的快速发展，学生参加的体育活动越来越多，并且得到了学

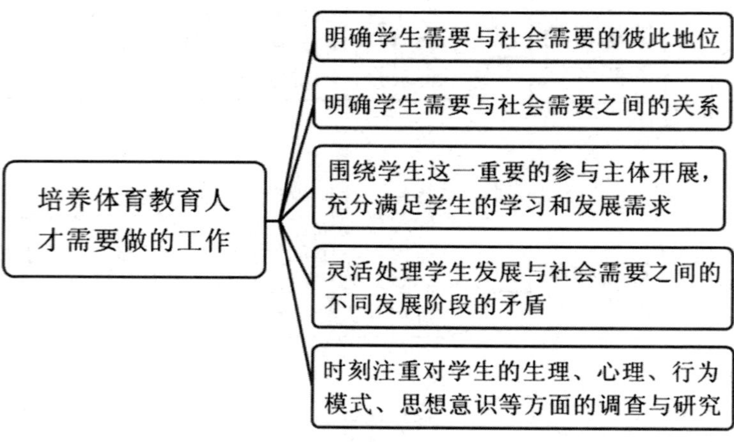

图 5-3　培养体育教育人才需要做的工作

生的认可和喜爱，在生活的各个角落都能看到体育活动的身影。学生在每个阶段参与体育锻炼可以有效提高自己的体育能力，充分认识到体育运动的重要性，逐渐形成自觉、自主的锻炼意识，这已经成为一种社会发展的必然趋势。

（4）推动我国人文体育建设和发展。现代高校体育发展阶段，“终身体育”教学理念对我国人文体育的推动作用主要表现在两方面，如图 5-4 所示。

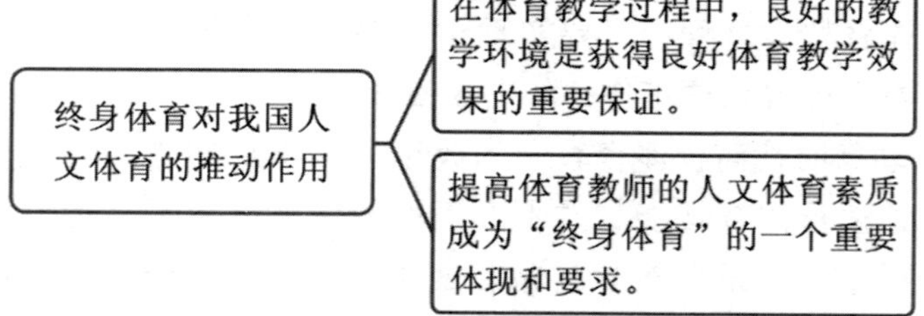

图 5-4　终身体育对我国人文体育的推动作用

目前为止，不断为社会提供优秀人才的依旧是全国各所高校。因为高校具有特殊的教育性质，所以高校体育的发展应该将社会需要与个人发展有机地结合起来，结合体育的健身价值和人文价值全面提高学生的体育素质。在高校体育教学过程中，真正做到以学生为教学主体，不断完善教学内容，提高学生的体育运动能力，有助于我国高校学生的体智全面地发展。

（三）“以人为本”的教学理念

1. “以人为本”思想的发展

“以人为本”的思想符合社会的改革要求，其产生的作用对社会意义重大，我国高校体育教学也受到了鼓舞和指导。“以人为本”思想中所指的“人”包括个体和群体，彰显出自然性和社会性。高校体育教学要建立在以人为本的基础上，坚定不移地贯彻科学创新思想，不断满足学生对体育教学的教育需要。

商周时期，我国文学家就已经提出了以民为本的思想，一个国家的繁荣富强是在人们共同努力下产生的结果。春秋时期，儒家学派提倡“仁者爱人”的教育思想。再到后来，齐国管仲提倡实行“以人为本”的治国思想，还有孟子提出的“以民为国家之本”的教育思想，这些思想为现代“以人为本”教学理念的产生奠定了坚实的基础。当然，我国古代传统的民本思想与现代“以人为本”的理念与思想不完全相同，二者之间存在着一定的差异。

现代社会中，马克思主义思想和人类全面发展的理论对现代教育思想的形成产生了巨大的影响，充分结合我国当前的教育情况，逐渐形成一种完整而科学的教育价值取向。“以人为本”的教学理念对我国实施科技创新的发展方针以及民族复兴都具有重要的意义。

2. 贯彻“以人为本”的教学理念

新时代背景下，高端人才已经成为各个国家发展中重要的战略资源，它具有非常重要的价值。我国未来的发展中，始终要坚持“以人为本”的思想，深入贯彻科技创新的理念，不断深化高校体育教学改革，完善高校体育教学制度和目标，这样可以有效促进高校体育教学水平的发展。现代高等教育的快速发展对当今高校体育教学提出了更多的要求，在总体目标的指导下，高校体育教学要将“以人为本”的教育理念融入课程教学当中。为了提高现代高校教学质量，其发展过程要始终贯彻“以人为本”的教学理念，对我国高校体育教学质量的提升和培养高素质体育人才有着重要的作用。

（1）在高校体育教学中以学生为本。高校体育教学工作的开展都要始终贯彻以人为本的教学理念，扩展教学资源的发展途径，开展更多的人才培养工作，举办相关的体育教学活动，给高校学生提供良好的学习环境和运动场地；本着对学生高度负责的原则，提供充足的教学资源以满足学生的发展需求；给以学生足够的尊重，重点发展学生感兴趣的体育内容，有助于学生的个性发展；完善培养方案，构建科学的课程体系；选择符合高校体育教学内容的教学方式，增加师生之间的互动性，激发学生的热情，充分调动学生学习的积极性。高校体育教学坚持“以人为本”的教学理念，首先要关注学生的利益，树立为学生服务的观念，使学生获得个性与素质的共同发展。

（2）在高校体育教学中以教师为本。在高校体育教学过程中，教师是学生学习体育技能、训练技术的指导者，学生主要是通过教师的传导才得以提升自身价值，因此高校体育教学中“以人为本”的教学理念也体现在以教师为本。要想保证高校体育的教学质量，就得充分保证教师的教学环境，有一个舒适的工作环境对教师来说也是非常关键的。如果教师的工作环境得到保障，就能极大地提高教师的教学兴趣。而且，为了检验教师的教学成果，学校要定期组织对教师的体育教学进行评价，这样可以帮助教师及时了解教学的效果，并对教学计划做出调整。高校对教师的管理不应该过分强调规范性、强制性，而应该具有人性化，要充分尊重教师和信任教师，给予教师充分的自主权。

3.“以人为本”教学理念对我国高校体育教学改革的启示

（1）对高校体育课程内容的重新调整。目前，高校体育课程内容还不能完全满足体育教师的需求，因此在未来高校体育教学深化改革的过程中，要对体育教学课程内容做一定的调整，以适应高校体育教学不断变化的需求。

（2）对高校体育价值的重新定位。现代高校体育教学中处处彰显着人文主义精神，这与弘扬人文精神的时代潮流是相适应的。但是，受传统体育教学思想的制约，我国高校体育教学只注重锻炼学生的“体魄”，忽视了其他方面的重要价值。在高校体育教学发展的过程中，没有注重培养学生的情感和个性，不利于学生的全面发展。

（3）对高校体育教学的重新认识。随着高校体育教学的快速发展，凭借“以人为本”思想的指导，成功创新了成功体育、终身体育等现代教学观念。科技创新时代背景下，高校应把握机遇，加强体育教学理念的更新，从而促进现代高校体育教学的发展。

二、高校体育教学的人文主义探索

现代高校体育教学深化改革中，人文主义思想极大地推动了我国高校体育教学的发展，且对高校体育教学产生了重要的作用，对高校体育教学中人文主义思想的探索具有深远的意义。

（一）人文主义解析

1. 人文的定义

中国最大的综合性词典《辞海》对“人文”一词进行了解释，人文是指人类文化发展中的结晶，主要是一些科学的、优秀的、健康的、先进的文化。人类在发展的过程中，随着人们生产生活水平的不断提高，人类、民族和种群会逐渐形成一定的文字语言、信息符号、价值观念以及道德和行为规范，这就是文化。人类文化的核心是人的价值观念，它对其他方面的形成和发展有着重要的影响；文字语言与信息符号是文化的基础，帮助人类进行信息交流与情感沟通，并且影响着文化的继承和发展；道德和行为规范主要是对人类的行为起到约束和规范的作用。人文是人类文化中最为核心的部分，也是价值观念和行为规范方面的内容。随着世界经济快速的发展，优秀文化得到了发扬和传播，人文是社会发展过程中一种先进的理念，其中可以表现出尊重、科学、关爱等潜在内涵。

2. 人文的分类

一般情况下，可以将人文分为 8 种，如图 5-5 所示。

3. 人文主义精神

我国研究人员对人文的研究学术并不多，对人文主义精神没有深刻的认识和了解，对其内涵尚不清楚，没有达成一致的观点，对于人文的学术讨论都是各抒己见。一些研究人员认为，由哲学、文学、伦理、艺术和历史等构建的人类精神世界的思想和知识就是人文，而人文精神就是在其中所体现出的具有最高级意义的价值观念和行为准则。

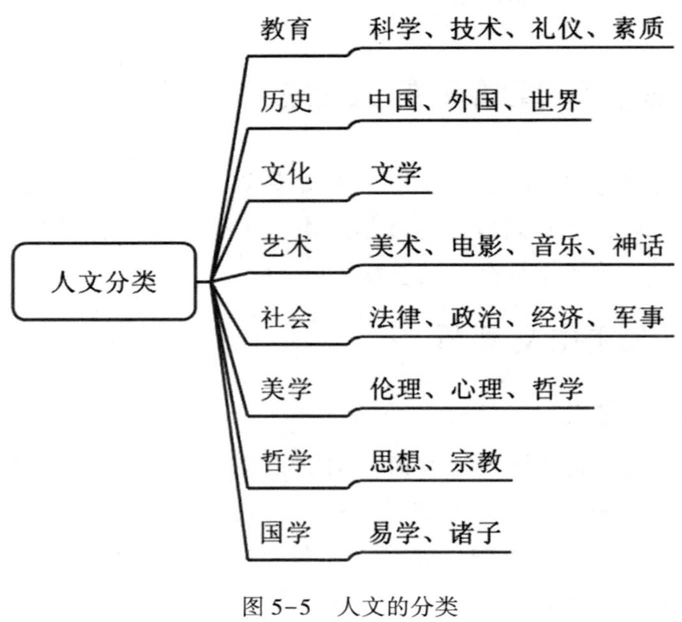

图 5-5　人文的分类

（二）人文主义思想对高校体育教学的影响

1. 促使传统的体育教学理念进行更新

在高校体育教学发展的过程中，由于受到人文主义思想的影响，逐渐形成了一些新的概念，如“锻炼目标”“课程目标”等。随着高校体育教学水平不断提高，高校体育教学目标被分成两个基础部分，即身体健康基础目标和运动技能基础目标，随后在此基础上又制定了多方面的新目标，如心理健康、体能素质和社会适应力等。

随着高等教育水平的提升，高校体育教学也在稳步地进行深化改革，人文主义思想逐渐回归正轨。开展各种形式的体育活动时，僵化的教学观念模式正在逐步松动，并且处处体现着人文关怀的印记。在高校体育教学课堂当中，教学方法已经有了巨大的改变，从传统的教师示范和学生被动学习，变成生动、有活力的自主学习，高校学生在这种舒适的环境下学习，有利于提高学习的质量和效率。

2. 促进高校体育课程体系进行调整

高校体育教学中，体育课程的教学内容是非常重要的。对课程体系不断进行调整，有利于丰富教学内容，为学生提供更多的体育项目，能够满足学生多方面的需求。但是，在实际高校教育教学过程中，学校设置的教学内容存在着不足。我国高校教学中普遍存在一种现象，即学校为了完成重点学科的教学任务，占用体育课程的教学时间。针对这种教学现象，学校相关领导要引起高度重视，实现高校体育教学的正规化。

人文主义思想对我国高校体育教学产生了众多有利影响，使得高校体育教学中的一些问题得到有效改善。各大高校在设置体育教学课程时，要充分满足学生的学习需求，并且要以学生为中心进行教学。高校在进行教学内容和课程体系设计时，更加注重学生的个性和兴趣特点，根据学生的身体素质来提供丰富多彩的、供学生进行选择的体育教学内容。开设体育课程的主要目的是为了促进学生身心全面的发展．高校教师在体育教学中要掌握学生身心的发展规律，教师要提高学生对体育课程的兴趣和积极性，激发学生上课时的热情，有利于提高体育课程教学的质量和效率。

3. 促进体育教学方法的优化

新时代背景下，高校体育教学改革的步伐不断加快，为了达到学校体育的教学目标，对教学方法的优化是非常重要的。由于受到人文主义思想的影响，高校体育课程的教学方法也得到了改善和发展，科学、合理的教学方法使得教学内容变得生动形象，学生能够在课堂中真实感受到体育课带来的乐趣，激发学生在课堂中的积极性，并且能够在运动过程中感受到其独特魅力，有助于高校学生形成终身体育的意识。

除此之外，高校正在不断完善课外活动的训练场地和体育球馆，吸引更多的学生参与到体育锻炼当中，逐渐提高了高校体育的教学质量。高校体育教学中，体育项目的训练场地和设施是不可或缺的物质基础，通过多方面的建设不仅能够方便学生更好地进行体育运动，还能够使其深化理解高校体育教学中的人文主义精神。

三、高校体育教学中新教育技术的应用

21 世纪，科学技术水平达到了一个新的高度，科学技术的快速发展创造出一些新型教育技术，它们具有较高的时代性，利用这些教育技术有助于改善高校体育教学环境，提高体育教学水平。以现代教育技术为例，研

究该技术在高校体育教学中的意义和作用。

（一）现代教育技术的定义

现代教育技术是关于学习过程与学习资源的设计、开发、利用、管理和评价的理论与实践。目前，我国研究人员将教育技术分为 3 个发展阶段，分别如下：

（1）传统技术阶段。主要是一些简单的文字、语言、黑板和粉笔等技术。

（2）媒体技术阶段。包括多媒体投影、电视、无线电和语言实验室等技术。

（3）信息技术阶段。主要是以计算机、网络通信技术等为基础的多媒体。

在高校体育教学中，现代教育技术的应用加快了体育教学的发展，现代教育技术基本特征主要表现在 4 个方面，如图 5-6 所示。

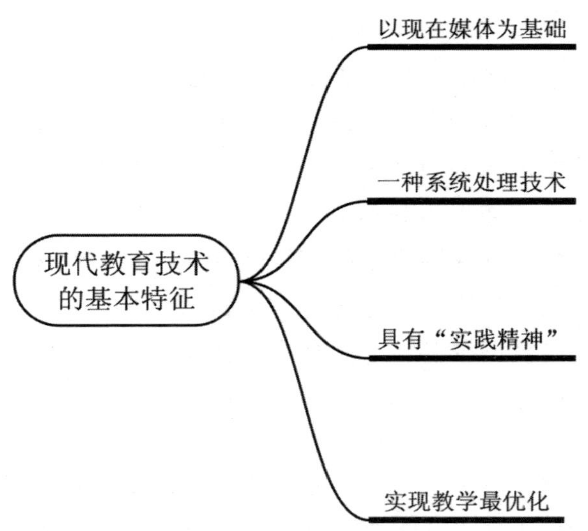

图 5-4　现代教育技术的基本特征

新时代背景下，高等教育的发展脚步不断加快，将一些现代教育技术合理地运用到高校体育教学当中，对高校体育教学产生了重要的作用。

（1）有利于学生理解知识，提高学习效率。传统体育教学当中，遇到一些抽象的知识，教师只能通过简单的语言进行描述。而现代教育技术的出现，可以将这些抽象的内容制作成信息课件，然后通过专业设备进行展示，可以让学生清晰、全方位地解析难点，最终这些难点变得生动形象，这种教学方法极大提高了学生的学习效率。

（2）加强学生的健康教育。为了能够让学生更好地适应社会，教师在课堂中不仅要教会学生体育锻炼的方法，还要将一些如何保持健康的体育知识传授给学生，培养学生良好的锻炼习惯，为以后的社会竞争奠定基础。高校体育教学中，教师在课堂上讲解的知识有限，教师可以借助强大的互联网来提高学生的知识储备，让学生通过网络信息来解答提出的问题，这样不仅能提升学生的健康知识水平，还可以培养学生敢于探索的精神。

（3）激发学生对体育学习的兴趣。现代教育技术在学生眼里是一件很新奇的事物，学生必然会有强大的兴趣和好奇心，在高校体育教学过程中，运用现代教育技术课件辅助教学，实质上是给学生一种新异的刺激，主要目的是使用新的教学方法来激发学生课堂中的热情，培养学生的学习兴趣。

（4）帮助学生建立清晰的动作表象。高校体育教学中有些技术动作很难用语言来描述清楚，讲解的难度很大，示范的效果也不尽人意。而通过制作现代信息技术课件则能轻松地解决这些疑难问题，帮助学生理解动作，形成概念，记住动作形态，并在大脑中建立清晰的动作表象。

（二）高校体育教学中应用新教育技术的注意事项

1. 正确认识现代教育技术及其引起的思想变革

（1）正确看待现代教育技术的作用。人类发展的过程中，科学技术的出现极大地带动了社会经济的发展，同时也产生了一些弊端和问题。在教育领域，现代教育技术为高校体育教学提供了很大的便捷，但是一些传统的教学方法不能被抛弃，正确认识现代教育技术，不要放大现代教育技术的作用和价值，避免将一些新型技术过于极端化。技术只是作为一种文化、精神和文明等方面的载体而存在，物质技术并不能替代这些。而且，随着现代教育技术的发展，教师也要紧跟时代发展的脚步，不断提升自身的教学素养，这样才能更好地利用现代教育技术来提高教学效果。但学生个性的发展正是在师生之间、同伴之间的交往中才得以实现的，所以人-机关系永远不能代替人-人关系。

（2）不能否定体育教学技术的作用。现代教育技术的普及促进了高校体育教学的发展，但是有些人对现代教育技术一直持有怀疑的态度，否定了现代教育技术的教育作用，甚至有些人将其负面作用夸大。一些高校体育教师认为，现代教育技术的出现阻碍了学生与老师之间的交流，严重危害教师与学生之间的教学关系，他们认为现代教育技术会对学生的社会性产生一定的不利影响。作为一名教师，应该充分肯定现代教育技术带来的价值和作用，同时还要发现这种教育技术的不足和缺陷，从而使教育技术完美地融入到体育教学当中。

2. 具体地实践和运用现代教育技术

随着高等教育水平的提高，现代教育技术得到快速的发展，并创造出很多新型教育技术。教师是学生学习知识的指导者，扮演着非常重要的角色，对于教师自身来说，个人的教学水平是有限的，无法满足每个学生的学习需求，严重影响了学生的发展。教师只有不断提升自己的能力和水平，借助先进的教学技术，这样才能满足学生不同的需求，并且可以帮助教师减轻负担，提高教学质量和教学效果。

目前来看，我国高校体育教育技术比较落后，与发达国家的教育技术相比较存在较大的差距，教育技术的不足对我国高校体育教学的发展产生了一定的影响。为了让我国高校体育教学水平满足现代化教学要求，国家教育部门要根据我国的国情和教育状况，制定合理的教学目标，在教育技术领域不断创新，加快我国现代教育技术的发展，为现代教育技术的实践和应用奠定稳固的基础。

第三节　高校体育教学活动的科学化保障研究

一、“极点”和“第二次呼吸”

在高校学生体育锻炼的过程中，有的学生做一些剧烈运动之后，如长跑项目，人体会出现胸闷、气短、呼吸急促的现象，甚至会出现恶心呕吐的状况，此类现象在生理学上称为“极点”。

如果长跑中出现了“极点”，学生应该适当减慢速度，持续深呼吸，坚持一段时间之后这种现象将会得到缓解并逐渐消除。而后动作将变得协调有力，呼吸均匀自如，一切不良感觉消失，身体逐渐恢复正常，运动生理学将此种现象称为“第二次呼吸”。

（一）原因

人体会产生“极点”的现象主要在于人体的各种器官都会有一定的生理惰性，并且内脏器官的惰性较高，人体进行剧烈运动时，由于内脏器官无法满足运动器官的机能需求，导致人体内脏器官缺氧，产生大量的酸性代谢产物。由于这些酸性代谢产物的堆积，导致人体的呼吸系统和循环系统平衡失调，大脑皮层动力定型暂时紊乱，最终出现了这种“极点”现象。“极点”出现后，如果继续体育训练，内脏器官的惰性将会被克服。各器官和系统在大脑神经的指挥下，不断调节体内机能环境，改善氧的供应，加上运动步伐的减慢，机体内环境的乳酸含量减少，使运动器官和内脏器官的功能关系基本协调，生理机能出现新的平衡，故出现了“第二次呼吸”。

（二）处置与预防

在一些长跑项目中，人体经常会出现“极点”和“第二次呼吸”两种生理现象，学生不要产生恐惧和疑惑的心理。“极点”现象出现的早晚和表现程度与准备活动、呼吸方式及心理状态有关。在长距离跑步之前，一定要做一些热身活动，长跑中适当加深呼吸，感觉到肌肉酸胀时，适当的放缓脚步，减慢跑步的速度，稳定自己的个人情绪。另外，坚持长期锻炼，可以延缓“极点”生理现象出现的时间，减轻身体的不适感，甚至可能不会出现这种生理现象。

二、肌肉痉挛

肌肉痉挛也被人们称为“抽筋”，主要是指身体肌肉不受大脑控制下不自觉的强直性收缩，会使肌肉变得坚硬，并带有强烈的疼痛感。

（一）原因

肌肉产生痉挛的原因有很多，寒冷条件下进行体育运动，肌肉受到寒冷环境的刺激，产生过度收缩，导致肌肉组织出现肌肉痉挛的现象；另外，运动前热身活动不充分或肌肉收缩不完全也会产生痉挛；在夏季进行大强度长时间运动之后，机体会进行排汗散热，身体大量的出汗会导致人体水盐分代谢失调，致使肌肉产生痉挛；情绪过度紧张也是导致肌肉痉挛的一个原因。

（二）症状

肌肉痉挛的症状主要表现为肌肉挛缩发硬，并伴有剧烈的疼痛感，短时间内无法缓解，痉挛消失后肌肉还会有一定程度的不适感。

（三）处置

肌肉出现痉挛后，大脑一定要保持冷静，控制自己的情绪。通常情况下，对出现痉挛的部位做一些牵引拉伸可以使肌肉痉挛减轻缓解，如腓肠肌痉挛时，即伸直膝关节并用手牵拉脚趾使其背伸。

（四）预防

寒冷环境下，运动之前做一些热身活动，让肌肉充分适应外界环境，提高身体对寒冷的抵抗力；对经常出现痉挛的部位，可以做一些按摩；夏季进行长时间运动时，应适当补充盐分；冬秋季运动时，一定要注意保暖，冬季游泳时，下水之前可以先用凉水冲湿身体，并且不要长时间待在水中；人体处于饥饿和疲惫时，不要进行剧烈的运动。

三、运动中腹痛

运动中腹痛是指在运动过程中或运动结束后，由于运动锻炼而引起或诱发的腹部疼痛，如长跑、马拉松跑和竞走等长距离体育项目。

（一）原因

运动之前做的准备活动不充分，身体的内脏器官没有达到竞技的状态，一开始就进行剧烈运动，导致脏腑功能失调，引起腹部疼痛；也有的因为人们运动前饮食过饱、饮水过多或饭后不久就进行运动，或腹部受凉，引起胃肠痉挛；少数人也会因运动时间过长或运动太剧烈，导致血液回流静脉受阻，致使产生腹痛感；慢性肝炎、慢性阑尾炎、溃疡病等患者在进行剧烈运动时，病变部位受到震动、牵扯等刺激也可引起腹痛。

（二）症状

不同的部位，症状也不同，要根据发病的原因来定，因为肝脾淤血引起的疼痛，肝痛是在右侧肋部，脾痛在左侧肋部；胃部痉挛产生的疼痛主要在上腹部；肠痉挛和肠结核产生的疼痛主要在腹腔中部；饮食过度运动产生的疼痛部位主要在上腹部和中腹部；饮食后运动疼痛常发生在上腹部或中腹部。

（三）处置

运动中产生腹部疼痛时，可以降低跑步速度，加深呼吸，并用手掌按压疼痛部位可以适当减轻疼痛感。如果使用这些简单的方法处理后，疼痛感没有缓解反而加重，那么要立即停止运动，并服用“十滴水”药物，然后揉压内关、足三里等穴位。如果服用药物之后还伴有剧烈疼痛，那么要马上前往医院进行治疗。

（四）预防

做剧烈运动之前，饮食要适量，不宜过饱或过饥，进食 1 ～ 1.5 小时之后才可以进行剧烈运动，而且不要饮用大量的汤水；做一些热身活动，让身体提前适应快节奏，调整好呼吸，保持愉悦的心情，加强科学性锻炼；在炎热夏季运动之后可以饮用少量的生理盐水；对于各种慢性疾病引起的腹痛应就医检查，病愈之前，应在医生和教师指导下进行运动。

四、运动性肌肉酸痛

长期锻炼的人都知道，在刚开始锻炼的阶段，运动之后身体的肌肉会有不同程度的酸痛感，这是医学中所说的运动型肌肉酸痛。

（一）原因

研究表明，运动后感觉到肌肉酸痛是因为运动量过大，造成肌肉组织纤维轻微损伤，并且部分肌肉纤维产生痉挛。运动性肌肉酸痛是在运动结束后 1 ～ 2 天产生的，这种疼痛感不是运动后立刻产生的，所以也称为延迟性酸痛。

（二）症状

运动性肌肉酸痛只是部分肌肉组织产生的疼痛感，不会影响整块肌肉的功能，发生疼痛的肌肉会有发胀、发硬的症状。身体产生运动性酸痛后，肌肉群会逐渐修复肌肉内部的轻微损伤，从而不断增强肌肉的运动强度，随后同样的运动量肌肉就不易产生这种酸痛感。

（三）处置

在体育锻炼中，运动性肌肉酸痛是一种常见的运动症状，身体出现肌肉酸痛后，通常可以采取以下四种方法来缓解和治疗这种酸痛。

1. 静力牵拉法

肌肉局部产生酸痛感时，可以采用静力牵拉法来缓解疼痛，对疼痛部位做一些肌肉拉伸运动，将肌肉慢慢拉长，并在拉长的位置保持 2 ～ 3 秒静止不动。例如，对大腿前侧肌肉做静力牵拉时，让学生俯卧平趴在地，然后将腿伸直，让另外一名学生将其腿慢慢抬起，保持 2 ～ 3 秒再放下，重复做 3 ～ 4 次。在做静力牵拉时，要注意牵拉动作不要过大，避免造成肌肉纤维拉伤。

2. 按摩

按摩是人们经常放松身体的方式，条件允许情况下，运动之后可以对肌肉进行适度按摩，有助于肌肉放松，加快血液循环，可以有效缓解肌肉酸痛，减轻组织损伤。

3. 热敷

剧烈运动之后，局部肌肉有酸痛感时，可以使用热毛巾对其热敷，这样可以加快血液循环，提高新陈代谢功能，帮助肌肉组织修复，减轻疼痛感。

4. 针灸和电疗

随着医疗技术的发展，针灸和电疗的方法正在不断推行，得到了人们广泛的喜爱，并且治疗运动性肌肉酸痛的效果非常好。

（四）预防

剧烈运动之前，可以进行适当的热身活动，对于容易产生酸痛的部位做一些肌肉按摩；运动锻炼时，要科学合理安排运动量，避免肌肉负荷过重；运动完成后，可以做一组拉伸活动，不仅要注重一般性放松练习，而且要重视肌肉的伸展性练习。

第四节　创新思想是高校体育教学体系的必经之路

教育创新是我国高等教育发展的必然选择，创新思想是社会发展的重要指导思想，创新思想对高校体育教学的发展产生了重要影响。创新教育思想是关于知识经济时代人类教育的创新职能、创新观念、创新实践的思想。在高校体育教学发展的道路中，要以教育创新为导向，紧抓学生的素质教育，培养学生的创新思维。

一、创新的内涵与特征

高校体育教学要想进步，就一定要将创新思想放在首要的位置，只有不断地创新，才能适应时代的发展需要。但是，怎么学会创新是大多数现阶段高校在体育教学的时候要重点考虑的问题。高校学生直接关系到国家未来的发展，因此必须要加强对当代高校教育体系的创新。

（一）创新思想的内涵

创新指的是在一定的环境条件下对物质和知识进行改造，创造出与原有的意识形态不同的东西，从而产生更大的价值。随着高等教育飞速的发展，知识在高等体育教学当中占据的位置也越来越重要。现阶段已经进入知识经济的时代，知识经济时代是指高技术、高智慧、高文化的一个时代，在这种大环境下，高校体育教学必须要具备创新的精神，通过创新来推动高校体育教学的发展。

（二）创新思想的特征

高校学生是时代发展中形成的产物，也是未来社会发展的中流砥柱。

当代高校学生要有一股敢于承担风险的“气”和“劲”，才能冲破旧观念和旧思想的束缚。创新的特征主要表现为以下几个方面。

（1）主体能动性。创新是指主体对其他客体的改造过程，创新的过程中要完全激发主体的各种潜能，充分发挥其积极性、创造性和新颖性。在高校体育教学过程中，高校学生拥有了较强的自主创新性和能动性，从偶发性过渡到自主性，创新的动力主要来源于高校学生内心的自我鼓励，要有敢于挑战自我的勇气。

（2）新颖性。新颖性是创造一件新事物的基本特点，高等教育在发展，师生的创新能力也在不断提升，如果只依靠传统的体育教学，那么高校体育就很难得到提高，只有不断创新才能更好地促进高校体育教学的发展。所以，新颖性非常重要，这是高校师生能够长期保持探索热情的重要因素。

（3）历史发展性。不断提高高校师生的创新意识有利于提高高校体育教学水平，改善高校体育的教学质量，有效地促进了高校体育快速发展，高校体育的每一次改革都是一次创新的体现。在高校体育教学发展的过程中，需要不断探索与创新，在创新中取得进步，所以要充分认识创新的历史发展性，了解创新在高校体育教学中存在的意义。

（4）人文差异性。高校师生对待事物都有自己的认知，对待同一事物的认知往往存在很大的差异性。但是，也正是由于每个人有每个人的特点，才使得高校师生对高校体育教学的能动性变得多样化，促进高校体育教学全面地发展。实践证明，人文差异性也是创新意识能够萌发的基础。

（5）道德性。道德性是指创新的伦理意义。科学和创新的结果并无伦理意义，但创新过程甚至创新结果的应用则是一种艰巨的劳动，是创新能力与创新品德统一、人文精神与科学精神统一、智力因素与非智力因素统一、德智体美劳统一等的实践活动。

二、实现高校体育创新教育思想的途径

随着高等教育的改革与发展，新时代高校体育教学体系可以通过以下几种途径来实现创新教育思想。对高校体育教育思想不断创新，有助于提升教学质量，激发学生的学习热情，培养学生对体育教学的兴趣。

（一）吸收创新教育思想，深化对高校体育教学的创新职能的认识

高校体育教学创新必须要重新认识传统体育教学的职能，在我国传统体育教育的思想中，认为体育教育就是韩愈所说的“传道、授业、解惑”，主要功能是传授学生知识。但是，随着高等教育的快速发展，仅仅向学生传授学术知识已经无法满足新时代的人才需求。知识经济时代的到来，高校体育教学不仅要有传播知识的功能，而且要有培养创新人才和创新精神的功能。高校体育教学作为教育创新体系的重要组成部分，对高校体育教学自身创新职能的认识是非常重要也是非常必要的。

（二）学习创新教育思想，全面推进素质教育

1999 年 6 月，国务院颁发了《关于深化教育改革全面推进素质教育的决定》，对学生的素质教育一定要重点培养学生的创新意识和实践能力。创新教育是素质教育中重要的组成部分，对学生的素质教育要以培养学生的创新素质为重点。在高等教育深化改革的过程中，培养学生的创新能力是全面推进素质教育的重要内容，因为培养创新能力可以确保素质教育的顺利实施，并且促进素质教育大步向前发展。

（三）掌握创新教育思想，树立创新教育观念

高校体育教学开展创新教育时，一定要充分借鉴和吸收国内外优秀的教育成果与教育思想，这样才能不断丰富和发展高校体育教学中创新教育的内容。另外，必须要结合创新教育的实施原则，树立起一系列的创新教育观念，如自主性、探索性、开放性、实践性等，使高校体育教学在创新教育观念的指导下得以健康发展。

三、创新元素在高校体育教学中的应用研究

高校传统的体育教学中，教学目标就是为了提高学生的健康体质，传授学生简单的理论知识和运动技能，这些教学内容已经无法满足现代高校体育教学目标。此外，高校体育课程的构成成分单一，充分考虑了教师的

主导作用，却忽略了高校体育教学过程中学生的主体地位。传统的体育课堂中，整节课程都是以教师为中心，硬性地传授学生一些体育知识，没有充分考虑到学生的学习兴趣，严重阻碍了高校体育教学的发展，导致学生对体育活动的积极性和热情不高。传统的体育教学内容知识范围很广，但是不够精，没有形成系统的知识体系，满足不了学生钻研的学习要求。传统的体育教学方法已经不符合现代高校体育教学的大纲要求，必须对学生进行全方位的素质教育，并对高校传统的体育教学模式进行深化改革。

在高校体育教学改革的过程中，吸取传统体育教学的经验，采用多元化的教学模式，并将二者有机结合，有利于提高高校体育教学的质量和效果。另外，体育教师传授学生知识和技能时，要学会灵活多变，根据不同的教学内容选择合适的教学方法开展教学工作。在课堂上，教师要多加关注学生的学习情况，根据学生学习的效果，创造一些新颖的教学方法。对于不同的教学内容采用不同的教学方法，不断丰富课堂环节中的教学内容，有利于激发学生的学习热情和潜能，培养学生的学习兴趣。

通过以上分析，高校体育教学一定要注重学生的创新教育，加强锻炼学生的体育运动能力，为以后步入社会奠定基础。地区高校要始终坚持“终身体育”的教学思想，充分展现出学生的主体性，培养学生的人文精神和体育精神，有助于学生在高校体育教学中全面发展。新时期背景下，我国高校体育教学中暴露出众多的问题和不足，为了提高高校体育教学质量，高校体育教学应该与时俱进，跟随时代发展的脚步，坚持创新发展的指导思想，在体育教学实践过程中不断总结经验，从而最终实现自身的创新发展。

第五节　高校体育教学中对学生创新能力的培养

高校体育教学中，培养学生的创新能力非常重要。高校体育教学作为学校教育中的一部分，要充分尊重学生主体意识和学习兴趣，有利于激活学生的大脑深层，培养学生的创新素质。如何在高校体育教学中融入创新思想，对提高学生综合能力来说意义非凡。为了满足社会发展的需求，高校学生一定要具有创新能力，下面对高校体育教学中如何培养学生的创新能力展开讨论。

一、树立以学生为本的理念，把学生作为教学的主体

培养学生的创新能力，既要充分尊重教师的主导性，又要体现学生的主体地位，在高校体育教学中要树立以学生为本的理念。以学生为本则要求体育教师激发学生的求知欲，调动学生自学的积极性，尊重学生的主动性，让学生能够自由地茁壮成才。

二、采用灵活多变的教学方式

高校体育课程相比文化课程而言，体育教学的教学方式丰富多样，教学内容形象生动，并带有一定的娱乐性，学生心理不会有太大的学习压力。教师是开展体育课程的主导者，可以通过多种方式来丰富教学内容，如把一些游戏或竞技因素融入课堂中，提高学生的学习兴趣。同时，体育活动是“身体语言”固化为形象思维，再逐步形成抽象思维的过程。在这个过程中，体育教师可以采用变化多端的教学方式，让学生在轻松、愉悦的游戏氛围中学习，提高学习热情、强壮体质、增强心智。

三、鼓励学生标新立异，在探索中创新

社会之所以会不断发展，是因为社会中的事物在不断改革与创新，创新为社会的发展提供了强大的动力。同样地，我国高校体育教学中，教师应该鼓励学生大胆创新，敢于探索新的事物，培养学生标新立异的思想，只有不断创新高校体育教学水平才能稳步提升。“标新立异”并不是随意的猜想、没有范围，而是要鼓励学生在掌握扎实的基本功之余，尝试使用新的方法去解决学习中的问题，培养学生的创新思维，将所学的知识重组优化，进而形成新的认知理论和认知方法。

同时，高校体育教师要分析学生的学习特点，培养学生良好的创新能力。高校体育教师要学会“引而不发”，课堂中提出有关问题后，教师不要着急给出答案，让学生独自思考，然后慢慢引导学生分析问题，这样可以

有效培养学生独立解决问题的能力。

四、形成教师和学生间良好的沟通渠道

在学校里，教师与学生是高校体育教学中重要的两个主体，教师的任务是教，学生的任务是学，使得高校体育教学可以有序地进行。在高校体育教学的过程中，教师与学生的交流是必不可少的，只有与学生不断交流，才能真正了解学生内心的学习需要。如果学生在头脑中形成创新意识和创新思路的时候，教师没有给学生提供展示的空间和平台，那么最终会把学生的创新思维和想法扼杀在摇篮里。长期之后，学生就会变得懒惰散漫，课堂中的积极性也会降低。体育教师要从自身做起，帮助学生释放学习压力，创造一个舒适的、放松的学习环境，让学生可以展示自我，形成师生之间良好的沟通渠道。高校体育教师要充分利用学校现有的教学条件，帮助学生开发思维、探索创新、强健体魄，既要彰显教师的主导性，也要完全尊重学生的主体性，让学生真正感受到学习的快乐，在学习中做真正的主人。

五、将创新能力的培养延伸至课堂之外

“以学生发展为本，健康第一”是作为高校体育教师应有的态度。高校体育教师应该学会利用一切有利的因素，提升学生学习体育的动力，增加学生学习体育的兴趣，培养学生学习的创新能力。在高校体育教学实施的过程中，体育教师应该在教学伊始，就对学生创新能力的培养做出长远规划，以此明确目标。在高校体育教学中，体育教师要充分尊重学生的个性和需要，从学生的生理和心理特点出发，夯实学生的体育理论知识，以多样化的课堂教学方式为学生提供良好的学习环境，在体育课堂内构建和谐的师生关系，做有利于培养学生创新能力的准备。

当然，仅仅依靠课堂上的 40 分钟来培养学生的创新能力是远远不够的，体育教师要把对学生创造力的培养延伸到课堂之外，也就是师生常说的课外。相比较课内，课外的时间和空间更为广阔。课外为学生提供更多思考和实践的时间和空间，有利于培养学生的创新能力，也有利于提高学

生学习能力，确立创新体育思想。

总体来看，培养学生的创新能力是一个非常复杂的过程，培养过程中会受到多方面因素的影响，所以需要学生与教师共同努力，只有长期的坚持才能获得预期的效果。为了满足现代高校体育教学要求，高校体育教师要摒弃传统的教学模式，利用学校拥有的先进资源，为学生创造一个轻松、欢快、富有创造性的学习环境。在这种环境下学习，有利于培养学生的创造力，提高学生的学习兴趣，鼓励学生去探索、去发现、去创造，增强学生面对新事物的自信心，使学生在创造中不断成长。

第六章　创新教育模式下的高校体育教学评价发展及师生关系构建

在创新教育模式下，高校体育教学评价的发展以及师生关系的构建是非常重要的，本章主要对这两方面进行了深入的研究，主要内容有体育教学评价基本理论、现代体育教学评价体系的规范与落实、体育教学评价的发展、传统高校体育教学主体的角色分析、现代体育教育创新模式下重新定位教师的角色以及现代体育教育创新模式下构建新型师生关系的策略，从这六方面可以清楚了解高校体育教学的发展以及师生关系的构建。

第一节　体育教学评价基本理论

本节主要对体育教学评价的基本理论进行简单的了解，主要包括体育教学评价的概念、特点和构成要素；体育教学评价的类型、功能和作用；体育教学评价的原则和方法；体育教学评价的异化表现。

一、体育教学评价的概念、特点和构成要素

（一）体育教学评价的概念

体育教学评价是依据教学目标对教学过程及结果进行价值判断并为教学决策服务的过程，是对教学活动现实的或潜在的价值做出判断的过程。

在体育教学过程中教学评价是较为重要的一个环节，只有教学评价客观、公正，才能保证教学质量在原有的基础上不断进步和提升，反之，如果体育教学评价不能够准确地对体育教学进行合理的评价，那么在体育教学中不合理、不完善的教学制度始终存在，这样教师的教学水平和学生的学习能力得不到有效提升，教学效果也会停滞不前。

关于体育教学评价方式和内容的优缺点以及当前重要性和使用频率，

可参考表 6-1。

表 6-1　对各种体育教学评价的分析

	评价方式	优点	缺点	当前重要性	使用频率
1	教师对学习过程的评价	评价的主体是最有经验的教师，而评价的对象是生动的教学过程，评价会及时而生动	由于评价的对象是动态的过程，评价有时缺乏准确性	很重要、要更加重视的、比较主要的评价方式	每时每刻
2	教师对学习结果的评价	评价的主体是最有经验的教师，而评价的对象又是最反映教学效果的结果，因此评价的准确度很高	评价缺乏即时性，也会因此缺乏生动性，发现的问题已无法纠正	依然重要、依然要重视的主要评价方式	每学段、学年、学期、单元
3	教师之间的相互评价	评价的主体和客体都是有经验的教师，因而评价具有学术性和高质量。这种评价对教学经验的总结和教学的改善很有作用	这种评价不可能成为日常的评价，也不能成为对每个学生的即时评价	要重视的、辅助性的评价方式	每学期 12 次
4	学生的自我评价	评价来自于学生对学习的“自省”，对于激发学生学习动机和培养学生的学习能力具有重要的作用	评价会因学生的自我保护意识和优点夸大意识而产生偏差	很重要、要更加重视的、比较主要的评价方式	每时每刻
5	学生之间的相互评价	评价来自于处于同样学习目标和学习阶段的“同行者”，有很强的针对性和生动性，也有很强的刺激性	评价会因学生的经验不足、缺乏专业知识和对同学缺乏负责精神等产生偏差	很重要、要更加重视的、比较主要的评价方式	教师组织时间为主

（二）体育教学评价的特点

1. 体育教学评价的动态性

体育教学评价主要是对教学过程和教学结果的评价，并且对这两方面的评价都非常的重视。体育教学的各种活动和体育教学的评价都是服务于体育教学目的。体育教学评价将体育教学过程和结果的双重评价有机统一起来，也就是说，通过整个评价过程要看到是否能够取得良好的效果以及能否达到预期的目的，并在评价结果时则要对取得这一结果的方式、手段与过程进行充分的考虑。在对体育教学的过程和体育教学的结果进行评价时，其都具有动态性特点。

2. 体育教学评价主体的多元性

体育教学评价的主体具有多元性特点，学生、家长、教师、领导、专家等都是体育教学评价的主体。近年来，随着学生在教学中主体地位的确立，体育教学评价变为学生积极参与、自我反思和逐步发展的过程，使教师与学生之间相互理解和支持，并形成平等、积极的评价关系。在整个评价的过程中，只有重视评价主体的多元化，可以把学生的发展状况更加全面、准确地展现出来，还可以对学生的综合素质发展起到很好的促进作用。

在以往的体育教学评价中，基本上都是管理者作为唯一的评价者，对于评价结果学生只能接受，这就在很大程度上带给学生一定的心理压力，让学生产生畏惧评价、逃避评价的心理。正是由于学生在产生心理压力之后就不会积极地参与，致使教师在评价的过程中就不会发现任何问题，使评价各方面的功能都得不到很好的发挥。由此可以得出，包括教师、学生、家长、管理者共同参与的交互过程，才是正确的评价。当被评价者成为评价主体中的一员时，这对被评价者和评价者之间的互动是有所加强的，也有利于被评价者主体地位的提高。

3. 体育教学评价方法的过程性

体育教学评价主要是对学生学习的过程进行评价，教师可以对学生的学习过程进行分析和指导，这样就可以让学生在学习过程不断地提升自己。教师还可以对学生的日常学习进行关注，并对其表现出的发展状况做出正确的评价，这样能够让学生找到自己身上的不足之处，以便在之后的学习中进行改进。学生也可以对教师的教学过程进行评价，这样教师就可以知道自己在教学的过程中有什么缺失的地方，以便在之后的教学过程中进行改进和完善。通过“以评促学，以评促教”，使得体育教学工作得到健康发展。

（三）体育教学评价的构成要素

教学评价一般包括在教学过程中对教师、学生、教学内容、教学方法、教学环境、教学管理等因素的评价，其中最主要的还是对教师和学生的评价。

二、体育教学评价的类型、功能和作用

（一）体育教学评价的类型

体育教学评价的类型有很多，按照不同的依据会把体育教学评价分为几大类，具体如下。

1. 以评价分析方法为依据进行划分

根据评价分析方法进行划分，主要有两种，如图 6-1 所示。

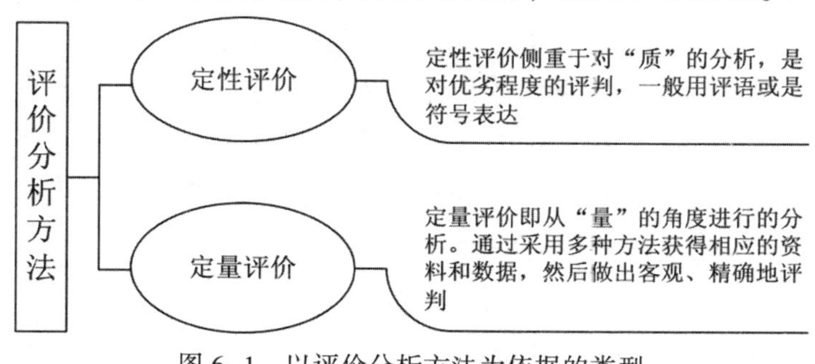

图 6-1　以评价分析方法为依据的类型

2. 以评价功能为依据进行划分

以评价功能为依据进行划分，主要有 3 种类型，如图 6-2 所示。

3. 以评价目的为依据进行划分

根据评价目的为依据进行划分，有以下 3 点：

（1）选拔性评价。选拔性评价就是以制定的标准为门槛，通过测试评价，在学生之中选择适合该工作的对象。这种评价方式可以分为综合性评价和专门性评价。学生的体育高考就是一种典型的综合性的选拔性评价。通过对学生身体素质以及各方面的检测，根据检测结果把学生按照一定的等级进行划分，这样做是为选拔做好准备；而专门性的选拔性评价主要是

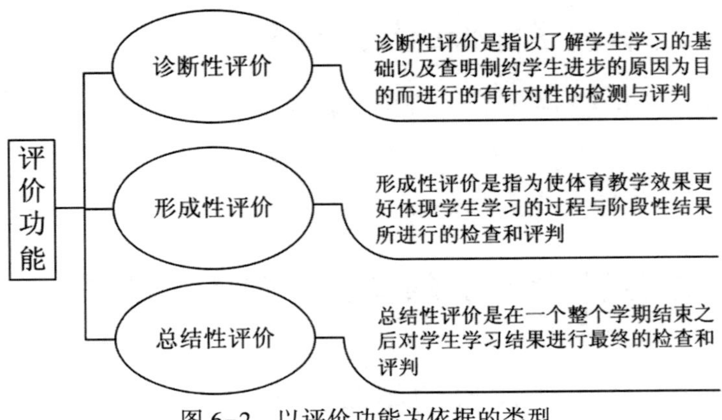

图 6-2　以评价功能为依据的类型

为了运动员设定的，主要是根据专项的要求确定测试指标进行选拔。

（2）甄别性评价。经过实践证明，甄别性评价基本和应试教育、精英教育的观念是一样的，主要是对学生学习结果的一种甄别，最终的评价结果也是衡量教师教学成功与否的标准。而这种评价最终的目的就是要判断个体在群体中应该占有什么样的地位和具有什么样的能力水平。

（3）发展性评价。发展性评价能够促进学生的发展，而且也是一种积极向上的评价方式。这种评价方式的应用范围特别的广，对人和人的行为进行评价时就特别注重使用这种评价方式。使用这种评价方式能够发现别人身上的长处，并使用积极、鼓励的语言来进行评价。

4. 以评价内容为依据进行划分

根据评价内容为依据进行划分，有以下两点：

（1）过程评价。过程评价是对整个教学过程为达到教学目标所使用的方法进行评价。也是对所采用的方法和手段进行检查。因此，过程评价基本都是在整个教学过程中完成的，它有利于完善需要修改的形成性评价，还可以对教学过程中某一阶段进行总结性评价。

（2）结果评价。结果评价主要是对整个教学完成之后对其进行最终的评价。结果评价主要侧重于完成总结性评价的功能，而且，除了这一点外，还可以在这个过程中找到一些关于形成性评价的信息。

（二）体育教学评价的功能

体育教学评价不仅有特点还有很多功能，其中包括诊断功能、导向功能、机理功能、调控功能、信息反馈功能、动机强化功能以及考察鉴定功能，具体情况详述如下。

1. 诊断功能

通过体育教学评价，体育教师能够对整个教学过程进行较为客观、科学的评价，然后在第一时间了解教学过程中出现的问题。所以，体育教学评价就是一次比较严谨的科学诊断。通过体育教学评价可以对学生是否能够实现教学目标进行有效的评估，而且还可以在学生学习的过程中遇到的困难提供一些帮助，以此来提高学生的学习进度。

2. 导向功能

评价标准具有一定的导向功能，是因为不同的评价标准所得出的评价结果是不一样的。而评价后的反馈信息对体育教学的改进也有着重要的导向作用，能够为其指明方向，以此来提高学生的学习效果。所以说，体育教学评价的导向功能对体育教学的影响是非常显著的。

3. 激励功能

在整个教学过程中，体育教学评价的监督和控制作用对于体育教学来说是非常重要的，对于教师和学生来说，能够起到强化和促进作用。通过对体育教学整个过程的评价能够分析出教师的教学效果和学生的学习成果，这在一定程度上能够对教师和学生起到一定的激励作用。科学合理的教学评价能给教师和学生在精神上带来一定的鼓舞，还可以将教师和学生向着更大目标迈进的积极性给激发出来。所以，要有效利用教学评价的激励功能，正面给予学生鼓励。

4. 调控功能

体育教学评价主要是对整个教学过程进行反馈，能够让教师和学生了解自己在这一过程中的情况，然后根据这些情况，教师可以对教学计划进行修改，学生可以对学习策略进行改进。所以说，体育教学评价可以使体育教学成为一个可以随时调节的可控系统，能够使预期的教学目标越来越近。

5. 信息反馈功能

在体育教学过程中，体育教学评价可以让教师和学生获取大量可靠的反馈信息，这使得教师对自己教的情况和学生对自己学的情况一目了然，通过信息反馈功能，教师对自己在教学过程中的优缺点有一个清楚的了解，以此为基础，完善教学方法；学生对自己学习的优劣程度也可以有更清楚的认识，以此为基础，改变自己的学习方法。

当教师给学生反馈信息时，应该注意学生的年龄和心理，把握好适度性原则。一般情况下，教师基本都是在尊重学生的基础上给予肯定，这样对他们的学习积极性有很大的激励作用。对于否定的评价，教师应该帮助学生发现问题，并分析产生问题的原因以及应该怎么解决问题，这对学生增强自信心有很大的帮助。所以说，学生在学习的过程中产生的焦虑问题，教师应该想一些办法对学生进行调节，防止学生在学习的过程中失去信心或者产生逆反心理。

6. 动机强化功能

教学评价的动机强化功能主要是对被评价者的积极性进行激发，并且使他们自觉地改善自己的教学行为。一般情况下，动机作用可以分为两部分，一部分是以自身的内部因素为基础的内部动机作用，另一部分是以外部因素引起的外部动机作用。像教师的自我评价和学生的自我评价，都可以起到加强内部动机的作用。像他人的评价，正确而且中肯的评价能够促进教师和学生的积极性，而不正确的评价或者否定的评价，会对一些教师或者学生的自信心造成一定的打击。所以，要想发挥教学评价的动机强化功能，首先要考虑的是不同的评价效果会产生什么样的心理效果，如果评价的对象不一样，就得考虑他们的个性，这样才能产生积极的评价效果。

7. 考察鉴定功能

通过大量的实践可以知道，体育教学评价除了有以上功能之外，还有一种功能就是考察鉴定功能，这种功能对于教学管理者来说，是一项非常有效的措施和手段。这是因为通过体育教学评价，可以对整个教学过程的教学质量、学生学习的情况、所采用方式方法的优点与缺点以及教学中出现的问题进行考察和鉴定，也可以对教师的教学能力和学生的学习能力进行客观的判定。所以说，体育教学评价的考察鉴定功能的作用也是非常大的。

（三）体育教学评价的作用

体育教学评价的作用就是通过反馈信息，让体育教学变得更加完善，促进体育教学质量的提高，推动体育教学活动的改革和发展。下面通过具体的几方面内容来了解下体育教学评价的作用。

1. 提高体育教学水平

通过体育教学评价，能够让教师了解到自己在教学过程的设计和教学方法的运用上有什么不足之处和优势地方，促使自己把这些不足之处进行改进，优势地方继续发扬，只有这样，才能更好地提高体育教学水平。

2. 增加学生体育学习的兴趣

对整个教学过程进行评价，学生可以根据反馈信息全面的了解自己的学习情况，并且还可以激发自己的学习兴趣以及积极性，也可以根据反馈的信息找出自己不足的地方并进行反思，以最快的速度做出调整。另外，学生对教师的评价可以促进教师在教学方面进行改善，从而满足学生的需求，促进学生学习积极性的提高。

3. 完善体育管理

在体育教学整个过程中，有很多方面需要进行管理，比如：教学资源管理、教师管理、学生管理等。通过对体育教学的评价，可以更好地完善这些方面，以此来促进体育教学的优化管理。

4. 提高体育科研水平

通过对体育教学的评价，可以得到相应的反馈信息，这些反馈信息可以提供给我们大量的数据和资料，而体育科研活动正是缺少这些数据和资料，所以，这就间接的说明体育教学评价在一定程度上能够促进体育科研事业的发展。

三、体育教学评价的原则与方法

（一）体育教学评价的原则

教学评价是对教学工作的评定，在体育教学评价的过程中应该遵循客观性、发展性、指导性、计划性的原则，在这四个原则下进行体育教学工作。

1. 客观性原则

客观性是指在教学工作中要保证教学评价的客观公正，在进行体育教学工作评价的过程中不能够掺杂个人主观的意志，保证评价在公开透明的前提下进行，否则教学评价就会失去本真、失去意义，评价的不公正性会导致对教学工作衡量出现问题，进而导致教学质量的下降。

2. 发展性原则

发展性是指评价的过程应该随着教育的改革进行不断发展。教学评价不是一成不变的，需要随着教育的发展进行相应的转变以适应教学发展的要求，对原有评价方式进行完善，提升评价的科学性和合理性。

3. 指导性原则

指导性是指评价的过程中不应该仅仅是对已有成绩的衡量，更重要的是通过评价能够使教学在原有的基础上不断进步和提升，促进教学质量的进步。通过教学评价得到的反馈信息，使教师能够明确自己在教学中存在的问题，以及需要解决的问题，进而不断完善、提升教学质量。教学评价如果缺乏指导性，不能对教学中存在的问题进行衡量或者评价，就会使教学裹足不前或只看到出现的问题而丧失前进的方向与信心。

4. 计划性原则

教学评价必须紧密配合教学工作有计划地进行，为教师和学生及时地提供教与学的反馈信息，以便有效地调节和改进教学活动、提高教学质量。在教学评价的过程中需要与教学的计划相结合，所以教学评价相应的也应该具有计划性。

（二）体育教学评价的方法

体育教学评价的方法有很多种，比如经常使用的观察法、问卷法和测验法,这些方法都有各自的特点以及适用的范围,所以,在使用的时候要根据实际情况进行选择，一般情况下，这几种方法都能够取得理想的评价效果。

1. 观察法

观察法就是评价者对评价对象在体育活动中进行观察，并根据整个过程给出相应的评价，然后收集相应的评价资料。这种方法可以得到其他方法得不到的第一手资料。比如，在体育教学活动评价中，如果想对某位教师的课堂教学情况做出评价，就必须深入课堂、进行实地观察，不然的话得出的评价效果不是很理想的。

这种方法在教学评价中是非常直观的，也是获得第一手信息的重要方法。通过观察法，能够了解教师的心理状态、素质等方面，并对其进行评价。由于这种方法在收集资料方面是其他方法无法相比较的，深受评价者的高度重视。

2. 问卷法

问卷法是一种常用的方法，可用于各种各样的调查中，并根据调查结果得到信息反馈。问卷法中所使用的问题都是经过严格挑选的，几乎没有纰漏。一般情况下，问卷法可以分为纸质调查问卷和网络调查问卷等。

问卷调查法中的问题具有严谨性和代表性，在编制和实施的方面也是非常严格的。

问卷调查法的特点如图 6-3 所示。

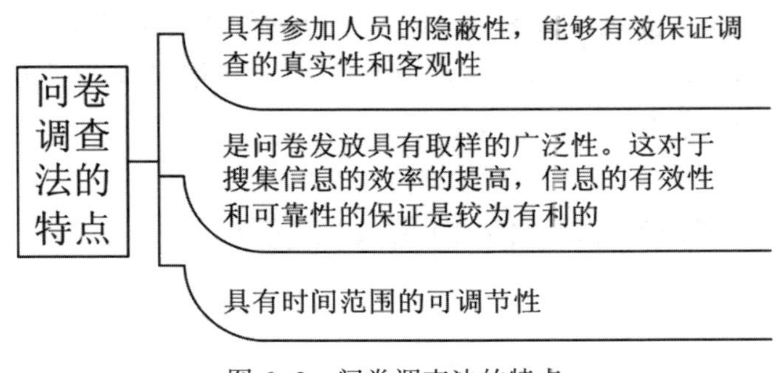

图 6-3　问卷调查法的特点

3. 测验法

检验法是一种比较传统的评价方法，所有教师和学生都是通过这样的方法来进行考核的。目前为止，检验法是对学生进行评价最为重要的一种方法，该方法具有很强的组织性、计划性和针对性，通过评价结果能够发现学生在学习过程中存在的问题。而测验法在体育教学评价中的作用主要有以下几个方面。

（1）体育理论知识的测验。在体育教学中，学生需要掌握的知识非常多。对体育理论知识的考察就是了解学生是否全面掌握这些知识以及是否有灵活运用这些知识的能力。通常，体育理论知识的检验方式有笔试或者口试。

（2）身体素质测验。人体的身体素质包括力量、速度、耐力、柔韧和灵敏五项。在体育教学中，如果想体育教学的成果进行了解，就需要对学生的身体素质进行测验，根据测验结果来了解学生的身体素质以及教师教学的效果。通过这一方面的测试能够了解学生在哪一方面还有不足之处，以便更好地改进教学方法。

（3）运动技术的测验。在体育教学中，不管是什么类型的体育运动都有其专项技术，而且还要求学生把这些专项技术必须熟练地掌握，只有这样，才能够把真正的机能水平和运动水平展现出来。并根据学生的技术动作为依据，对其做出客观的评价，这就是所谓的运动技术的测验。一般而言，对运动技术的测验有两种方法：一种是通过多次测验以获得的客观数据为标准的客观测验（达标测验）；另一种是对学生掌握的技术动作质量为标准的技术评定。

（4）体育情感行为测验。情感行为包含的内容非常多，其中，人的兴趣、态度、情趣、动机、价值观，以及个性和群体行为特征等是最主要的。人的情感行为和体育教学活动是相互作用的，互相影响着对方。通常情况下，情感行为的测量工具为量表。

四、体育教学评价的异化表现

（一）评价手段单一化

教学评价中对学生学习的效果和教师的教学质量进行的评价主要是通过客观的数据来衡量，这具有一定的直观性，较容易评判，但是这种评价方式也存在一定的弊端，例如在体育运动中偶然因素较多，有些学生在平时的训练中成绩较好，但是在进行考核的过程中，由于场地或者其他一些因素导致学生成绩不够理想。因此在进行评价的过程中应该保证多因素的综合作用，使学生的成绩能够真正得到客观的衡量。

（二）评价过程形式化

高校由于学生数量多、教师课业压力大，在进行评价时，部分教师往往通过简易的项目进行，这在一定程度上导致了评价的形式化，通常表现在有些教师通过一节课的时间进行整个班级学生的评价。这种评价方式是存在问题的，一方面是因为时间太紧，难以保证评价的全面性；另一方面是因为在这样的评价过程中部分学生出现浑水摸鱼的现象。因此在高校体育教学评价过程中应该高度重视评价效果和质量，制定合理的评价方式，保证评价的效果。

（三）评价目的模糊化

评价的目的是为了什么，为什么要进行评价，这是很多教师在教学过程中没有进行思考的问题。评价的目的不仅仅是为了对学生一个阶段或者一学期学习效果的衡量，更重要的是通过对学生的评价，使学生意识到自身存在的不足之处，并在训练和学习中不断强化弱点，促进教学效果的不断提升。因此在教学中教师应该明确的一点就是评价的目的是什么，只有这样才能够提升学生的学习热情，让学生意识到自身的不足。

（四）评价结果客观化

在体育教学过程中一般采用的是传统的教学评价，而评价方式比较客观。比如在一场考试中，通常都是利用规定的时间来衡量学生掌握知识的情况，也可以通过动作技能的掌握情况来判断学生的运动技能情况。虽然这种方法能够做出客观的评价，但是这种评价方式还是存在一定的弊端和不足。如果在评价时只采用主观的评价方式，对学生做出的评价是不全面的；如果只采用客观的评价方式，对学生做出的评价也是不全面的。所以，在评价时应该采用主观与客观相统一的方式进行，只有这样才能保证评价的正确性。

第二节　现代体育教学评价体系的规范与落实

随着体育教学改革与发展，关于体育教学评价的有关问题引起了人们的注意。体育教学评价的指标体系、方法与模式在体育教学改革之后明显有所增多，甚至还有一些计算机评价软件相继开发出来，从这些方面可以看出，体育教学评价的科学化、精确化与系统化在不断增强。然而，体育教学评价的指标与方法不能只从理论方面来探讨，需要结合实践来运用这些评价指标与方案，只有这样，才可以提高体育教学评价的实践意义。

一般来说，体育教学评价的规范与落实需要做好以下四方面的工作。

一、建立科学的体育教学评价指标

体育教学目标应该具有科学性、简便性和易操作性。由于体育教学评价是考核体育教学目标完成程度的一种方法，所以体育教学评价应该与体育教学目标有一样的特征，即科学性、简便性和易操作性。随着这几年对体育教学评价指标的研究越来越重视，但仍有一部分的教学评价指标存在缺陷，比如某些评价指标过于复杂、烦琐，操作起来很不方便，需要花费大量的时间与精力。所以，在建立体育教学评价指标时需要重视一些问题，那就是既可以考虑到我国的国情，又可以科学实施。综上所述，在建立体育教学评价指标时应该从以下两个方面把工作做好。

（1）应该加强理论对体育教学评价体系的研究。

（2）要根据实践加强对体育教学评价的有效改革。

在建立评价指标时，既要立足于我国国情，又要借鉴国外的成功经验，这样建立起来的体育教学评价指标体系不仅具有中国特色，还具有“国际风范”。

下面主要详细分析下科学建立体育教学指标的主要环节与步骤。

（一）初步拟定指标

相关研究者根据体育教学评价的目标以及对体育教学的理解与实践，对体育教学指标进行了初步拟定，具体的方法如下。

对参与的因素进行分析，逐级分解评价指标，分解的时候要以评价内容的内在逻辑为根据，经分解之后的因素就是对评价指标进行初步拟定的方法。评价指标的分解顺序一般都是从高级到低级，级别越低的因素越具体，直到不够分解为止，按照这个顺序，体育教学的评价指标体系就形成了。

（二）筛选拟定指标

经过初步拟定后的体育教学评价指标还是比较烦琐，不便于具体操作，所以还需要对这些指标进行筛选，从而制定简单、明确的评价方法。当然，所筛选的指标必须是合理的、科学的。一般情况下，学界公认需要采用经验法来筛选拟定指标，而在实际操作中，筛选拟定指标的经验法又具体分为以下两种：

（1）个人经验法。具体是指对评价指标进行设计的个体以自己的经验为主要依据，运用思维的方式（比较、排列、组合）加工初步拟定的指标，决定评价指标的去留。

（2）集体经验法。该方法是运用问卷调查的方式进行统计来实现对拟定指标的筛选，比个人经验法更具科学性。

（三）权衡指标分量

经过筛选后的指标，要对它在体育教学评价中的重要性做出科学、正确的衡量，也就是说对评价指标的分量加以权衡，这样做的目的就是确保评价指标的重要性。通常使用以下两种方法来权衡评价指标的重要性。

1. 依靠集体的力量加以权衡

这种方法主要依靠高校体育研究人员、教育部门的相关工作人员以及高校的领导与教师，通过他们的经验与力量，并对评价指标在评价内容中的具体作用进行了解，从而为评价指标的权衡提供可靠的依据。这就是依靠集体的力量对评价指标进行权衡是相对全面的、科学的，而这种方法的唯一缺点就是意见的不同就会对权衡的结果有影响。

2. 两两比较加以权衡

将评价指标进行两两分组，分组完毕之后，对一组内两个指标的某一特征进行分析和判断，根据分析和判断的结果对指标的优先顺序进行明确，这样评价指标的重要性也就一目了然了。

（四）确定评价标准

通过前三个方面的实施确定后，就要对最终的评价标准进行确定。而体育教学评价标准的设计过程如图 6-4 所示。

二、重视体育课堂教学的质量

在学校，体育教学也是通过课堂的形式进行教学，而且随着体育教学课程的改革，教学质量也受到越来越多的关注。

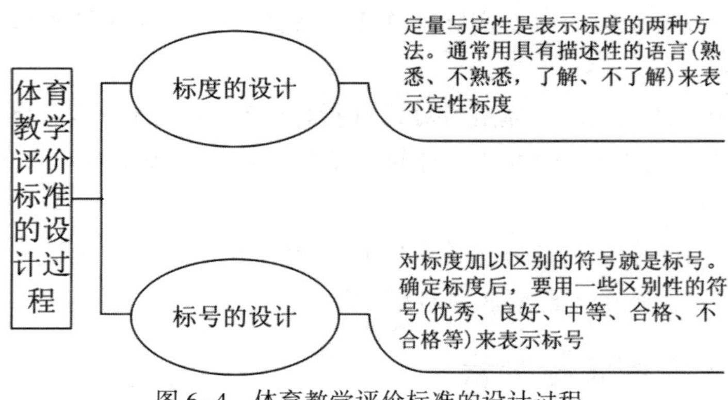

图 6-4　体育教学评价标准的设计过程

在对体育课程教学评价的研究中，虽然有提出一些成功的建议，但有些建议在具体的实践中还不具备很高的操作性。由于体育教学的评价主体在多方面是存在差异的，很难用量化的标准对课堂教学质量做出定量的评价，因此就很难反映出体育教学课堂的实际情况。这就需要相关的研究者根据这些情况研究出科学合理的并具有可操作性的评价方法，以此来提高体育教学课堂的质量。

三、发挥体育教学评价反馈与指导功能

体育教学评价主要有两个基本功能，分别是反馈功能与指导功能。由于评价是为完善体育教学服务的，这就需要评价主体在对体育教学评价时，不仅要考虑教学评价的相关因素，还要考虑与体育教学相关的一些要素。通常对体育教学做出评价之前，是有一个非常明确的教学目标，并以此为根据对体育教学进行评价。然后根据体育教学评价的结果，就可以看出刚开始设立的体育教学目标是否合理。一般情况下，只会出现两种评价结果。

（1）体育教学评价结果良好，这就间接说明当初设立的体育教学目标是较为合理的。

（2）体育教学评价结果不是很理想，这就说明了当初设立的体育教学目标不是很合理，有可能在分工上有所欠缺，这就需要对各个环节进行有针对性的调整。

四、分别建立体育教师与学生的评价体系

体育教学包含着两个重要的方面，分别是教师的“教”和学生的“学”，所以，体育教学评价应该从这两方面进行。由于当前对学生学习的评价研究比较全面，而对教师教授的评价研究就相对片面，主要就是对教师的课堂教授情况进行评价。从这一点来看，体育教学评价的两个方面是难以同时实现的。由于此情况的出现，相关研究人员以及学者就对这两方面都进行了研究，并分别建立了体育教师与学生的评价体系，从而实现体育教学评价的全面性与科学性。

第三节　体育教学评价的发展

一、体育教学评价的未来发展趋势

随着社会的进步，体育教学研究也在不断地深入，在未来的发展中，体育教学评价的发展趋势可能会表现在以下几个方面。

（一）评价内容不断扩展

体育教学评价的目的就是为了能够实现体育教学目标。各所高校一致认为只有体育教学目标明确了，评价的内容就会确定。由于各所高校会根据自己学校的实际情况制定教学目标，所以各所高校表现出来的体育教学评价内容是不一样的，这就呈现出体育教学评价内容趋于多元化发展。

随着社会的发展以及体育教学的深入研究，教学评价的内容已经向多元化方向发展。由于素质教育的不断深入，很多高校已经开始重视学生的综合素质的评价，不仅关注学生的学业成绩，而且还对学生的创新精神以及心理素质的培养给予了一定的重视。高校体育教师应该充分发挥多元评价模块的作用，让学生发现自身的潜能优势，这样能够促进学生的和谐发展。这也是落实和谐发展、个性张扬办学理念在体育教学学生评价体系中的突破。

（二）评价理念不断更新

随着社会的进步，要求高校的评价理念要及时进行更新，而且还要符合素质教育的发展。为了能够让体育教学评价目标与体育教学目标达到高度统一，必须明确高校体育在素质教育中的地位和作用，必须将学校体育的具体培养目标进行制定，并以体育教学目标为依据来制定体育教学评价指标体系。不仅如此，还需要保证所制定的评价标准具有科学性以及可操作性，只有这样，才能发挥出体育教学评价体系的正确导向功能。另外，还要对素质教育加以推广，从根本上对体育评价的指导思想进行科学建立。

为了使体育评价的指导思想具有科学性，我们需要从以下两方面做起，分别是：

（1）使用多视角、多思维的评价方式取代单一的评价方式。

（2）要逐渐淡化考评的选拔价值和作用，对教育、检验、反馈以及激励的综合意义和价值进行全面强化。

（三）评价方式的综合运用

1. 有机结合定性评价与定量评价

在体育教学评价中，虽然定量评价能够提高教学评价的准确性和科学性，也能提高定量评价的地位，但是体育教育是一个复杂的系统，在这个系统中有一些因素是无法用定量评价进行评价的，如人文因素。所以，这就需要将定量评价和定性评价结合起来对体育教学进行评价，只有这样，评价出来的结果才具有科学性和准确性。

2. 诊断性评价、形成性评价和终结性评价的综合运用

虽然终结性评价在传统体育教学中运用得非常多，但是它的缺点非常明显，那就是不能把教学评价的反馈功能发挥到极致，这样不仅对学生的学习起不到激励的作用，还对学生学习效果的提升和教师教学方法的改进起不到好的效果，因为终结性评价通常是在一个学期学习结束后才进行的，所以才会出现以上的缺点。所以，要对这种单一的评价方式进行改变，将诊断性评价、形成性评价和终结性评价结合起来对体育教学进行评价。这三种方式在一起使用时都能发挥出各自的优点，比如，诊断性评价可以检查学生学习时的状态；形成性评价能够及时发现体育教学中存在的问题并

进行反馈，这样有利于完善教学工作；终结性评价可以检查学生在某一阶段的学习情况，能够让学生清楚地认识到自己在这一阶段是什么状态。通过结合三种评价方式对体育教学进行评价，可以促进体育教学的发展。

3. 充分结合自评与他评

在体育教学评价的过程中，往往比较重视的是他人对自己的评价，经常会忽略掉教师或学生对自己的评价。当教师作为评价对象时，由于每一位教师都对自己的业务以及教学活动非常熟悉，所以要适当进行教师的自我评价，而且在评价的过程中也要注意他人的评价，这是因为教师在进行自我评价时会把一些利益相关的东西考虑在内，这样会做出对自己过高的评价，久而久之，教师就很难做出客观的评价。因此，在体育教学中，他评也是非常重要的一项。只有将他评与自评有机结合起来，才能做出正确的评价结论。

（四）评价主体互动化

现代体育教学评价强调将完整的、有感情、有个性的学生当作自己的评价对象，并通过评价使学生的个性充分发展，对学生个性发展有意义的东西也可作为评价的对象，这类东西可以是知识、能力、情感、兴趣、爱好、创造力等；学生之间的互评与自评，师生之间的互评与自评都能让学生明白自身有哪些不足和哪些优点。只有这样，才能够将评价的激励性和发展性体现出来。

（五）评价体系多维化、多元化、综合化

体育教学评价的考核评价体系应该是由锻炼习惯评价，日常体育行为评价，体育技术、技能评价，基础知识评价与体质状况评价等多方面评价共同构成的综合评价体系。

体育教学评价中，过程评价与终结评价结合；体育教师评价与学生评价结合；学生自评与互评结合；体育技术评价与运动技能评价结合；以学生个体发展为主的纵向评价与横向对比结合；体质状况评价与心理素质水平评价结合的多维的评价体系能够使每个学生通过体育课程学习获得全面健康的发展。

体育教学评价的多元化发展已经顺应了时代的进步，而多元化发展主

要包括三种，即体育教学评价思想的多元化、评价方法的多元化、评价主体的多元化。由于体育教学的评价理论是在一定的社会条件下形成与发展的，所以体育教学评价标准也不可能是一成不变的，而且永恒不变的方法也是不存在的；体育教学的评价理论基本都是为教育发展服务的，所以，具有很明显的社会性特征。目前，相关研究者正在对体育教学评价理论的科学化问题进行努力的探索，同样，体育教学评价也是存在科学化问题的。虽然在这条路上的研究有点漫长，但是只要体育在不断发展，那么体育教学评价的科学化问题将一直存在。

二、体育教学评价的发展策略

为了使体育教学的评价标准不对教师上课的内容产生影响，就需要对教学评价进行完善，而完善的关键一步就是进行体育教学改革，由于在改革的过程中也需要用成绩来衡量，这就需要对基础教育引起高度重视。体育教学评价的发展策略主要从以下几个方面来研究。

（一）实施多方位评价

一般来说，在传统教学评价模式中，教师的身份基本都是评价者，而学生基本上都是被动地接受评论。所以，教师在体育教学评价中应该对自己的学生进行充分的了解，比如心理素质的了解、运动能力情况的了解，然后对学生的表现情况进行有针对性的评价，以此来调动学生的积极性，使课程目标尽快实现。随着“水平目标”的设立，教师每个阶段的教学任务都会发生一定的变化，由于教学任务的修改，教学方式、方法也会随之进行改变。总之，在体育教学中，对体育教学评价内容进行设立还是需要依据五个学习领域，即运动参与、运动技能、身体健康、心理健康、社会适应，只有这样，才能够保证体育教学评价的客观性与科学性。

（二）通过“学习小组”促进学生协作能力增强

以“学习小组”为被评价单位在很多项目中是适用的，其中较为适用的项目主要有队形队列练习、小组篮球、排球、足球等比赛。对“学习小组”的评价能够促进小组成员的合作能力、提高学生的社会适应能力。小组内的每个学生的成绩都会关系着小组的总成绩，所以，小组的每一个学生都会监督着其他学生的学习情况，这样长期下来能够促进积极健康的班级学习氛围的形成，这对于学生集体的学习积极性和协作能力都比较有利。

（三）评价学生的标准由单一向综合转变

在体育教学中，会出现这种情况，由于一些学生的先天条件比较好，不用积极的锻炼就能够取得很好的成绩，这就会对一些先天条件不好并积极锻炼的学生产生一定的影响。所以，要改变以往单一的锻炼为评价标准的情况，而且是非常必要的。在确定学生成绩时，应该综合考虑，如果仅以体育锻炼为标准那是不全面的、不科学的，正确的做法是根据课程改革的评价精神，对新颁布的学生体质健康标准进行充分的运用。这样不但为学生的体质强弱找到一个标准，而且还能够作为学生进步程度的一个参照。

（四）对体育课特有的教学环境资源积极进行开发

相对于其他学科来说，体育课具有很大的优势，就是有着得天独厚的课程资源优势来应付课程改革。由于课程改革的要求是要提高学生的社会适应能力、相互协作与人际交往能力。对于体育教学来说，教学环境和教学载体是多样化的，可以促进不同年级的体育教师进行合作，从而使学生的社会适应能力，相互协作与人际交往能力等都得到有效提高，进而使学生走出自我，以积极的心态参与到其他的体育活动中。在这种情况下，学生还能从别的体育活动中学会新的健身知识，学会以“体育运动”为载体使自身的人际交往能力得到有效提高。

（五）综合运用过程评价与结果评价

由于之前的体育教学评价注重的是学生学习结果的评价，而忽略了学生学习过程的评价，使体育教学评价没有充分发挥出反馈作用，而且无法激励学生学习，体育教学效果也没有明显提高。因此，这就需要学会运用过程评价，对体育教学各方面做出合理的、科学的评定，并把结果反馈给学生，以此来激励学生学习。只有这样，才有利于端正学生在整个学习过程的态度，提高学生的积极性和主动性，还可以使一些先天条件好而懒惰的学生不积极参加体育锻炼的现象得到合理避免。除此之外，这样也可以鼓励那些先天条件较差但很努力练习的学生。

第四节　传统高校体育教学主体的角色分析

在古时候，教师是一个高尚的职业，非常受人尊敬。《尚书》云：“天降下民，作之君，作之师。”即是把“师”的地位与天、地、君、亲并称，并写在同一牌位供众人朝拜，教师的地位是非常高的。再到我们熟知的“传道、授业、解惑”都可作为几千年来教师这一职业给我们带来的深刻印象。教师对于学生来讲，不仅是知识的传播者，也是道德的示范者。所以，在现代教育中尊师重道依然是盛行的。

在之前的封建社会，师生关系基本是一种伦理道德关系，大多表现为“师尊生卑”。意思就是说师生之间有一种尊上卑下的区别，教师代表着规则、道义与权威，两者之间的关系极其不平衡。比如，我们所熟知的“程门立雪”，虽然反映出学生在求学过程中的谦卑的意志，但是也反映出当时的教与学是单线式的，而且教师在这种关系中是占据着主体地位，假如把教师与学生比作自转与公转的行星，那么学生就是需要围绕教师这颗星球为中心进行“公转”的行星。

在废除封建社会之后，学校教育制度成为主流。但是，学校与社会的“桎梏”并没有因为封建伦理的塌陷而被打破，只是将这层“桎梏”由无形变为有形，把学生进行分班管理，这也使得师生之间的关系逐渐向着“制度化”转变。

现代高校的建立，专业的教师也越来越多了，班级授课制度开始流行。而且随着师生的数量比例发生变化，就逐渐形成了“一对多”或“多对多”的形式，这使得师生之间的关系不再像以前那样稳定化、专业化。所以，按照现在这种情况发展，学生很快就摆脱了依附于教师的局面，对学生和教师的亲密程度来说，在一定程度上引发了师生之间关系的疏离。这也是教师对学生的权威控制力骤降以及学生对教师依赖程度日渐式微的过程。

接着，近现代学校实用主义之风盛行，功利主义倾向也开始抬头。教师角色逐渐转变为人们口中的“教书匠”，学生为获取知识接受教师的文化教育，教师为取得薪资进入学校工作，师生关系在制度化的同时也呈现出了功利主义的倾向。

在传统价值的影响下，我国传统师生关系的特点如图 6-5 所示。

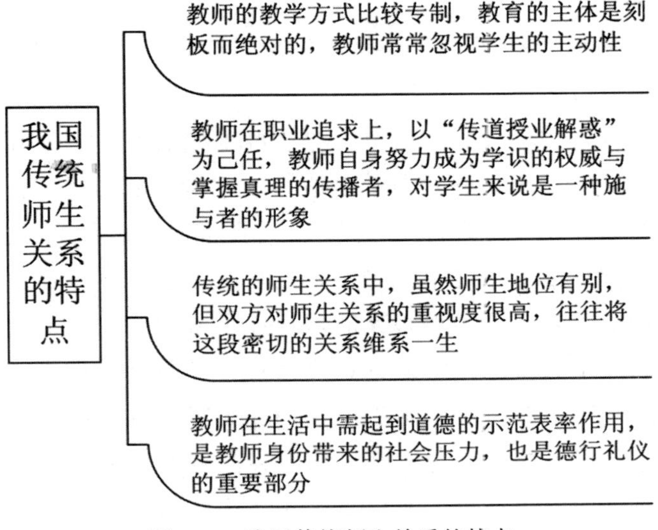

图 6-5　我国传统师生关系的特点

第五节　现代体育教育创新模式下重新定位教师的角色

师生关系是影响教学效果的一个因素，要想教学工作顺利开展必须建立一个适应时代发展、适合教育制度的新型师生关系，以现代教育技术为平台建立师生关系是研究师生关系的一个新的方向。而且，师生关系也影响着教学理念、教学目标、教学模式的变化。

一、现代教育技术环境下的新型教师

在讨论师生关系之前，我们要意识到如果教师素养没有有效的提升，那么教育质量很难有所提高；如果没有教师精神的升华，就很难对学生精神解放进行引导；如果没有教师的主动发展，就难以把握学生主动发展变化的方向；如果没有教师的主动创造，就很难开发学生的创新思维。所以，要建立适合发展需求的师生关系，就需要树立新型的教师观。在现代技术教育背景下，建立新型的教师观应该从以下几个方面进行讨论。

（一）重新认识教师的角色定位

在现代技术教育的环境下，师生关系应该是民主、平等、合作型的。从这些特点中可以看出，这就要求师生关系有所转变，从之前的教师主导型变为师生平等协作的关系。所以，在这种师生关系下，教师不能仅作为文化知识的传播者，还需要教会学生该怎么思考、如何学习，使学生养成终身学习的习惯以及帮助他们开发智力。与此同时，教师除了是老师之外，也需要在学生的日常生活之中充当一定的角色，成为学生在日常生活中的好朋友，这样很容易打开学生心灵的窗户并了解他们内心的想法，只有这种亦师亦友的师生关系才是我们的最终目标。在教学活动中，如果教师把板书的时间用于知识的讲解和师生的提问和解答，可以使学生慢慢克服困难，学会自主学习、善于思考问题，从而提高教学的效率；像 QQ、微信、微博等社交软件的使用能进一步拉近师生、生生之间的关系，了解个体的差异，便于因材施教。所以，在现代技术教育环境下，教师不仅可以提供给学生学术上的优势，还可以指导学生在生活中遇到的难题，这无疑是在学生综合素质的培养上增砖添瓦，以此来提高学生的学习效率，在无形之间就拉近了师生之间的关系。

（二）提高教师运用现代教育技术的能力和素养

在现代技术教育环境下，学生掌握新知识的速度非常快。而知识的发展和更新已经达到了日新月异的地步。所以，就要求教师不能像以前一样只掌握书本知识，应该跟紧时代的步伐，不断拓宽自己的知识视野，丰富自己的知识结构，掌握最新的学术动态。只有这样，才可以使自己的教学方法不落伍，教学内容不落后，使自己在教学改革之中处于不败之地。所以说，教师不仅要具有深厚的专业知识以及教学经验，还要有一颗学习新知识、新技术的心。除此之外，还应该随时掌握学生的动态，了解学生的日常生活，这对于提高学生的学习效率有很大的帮助。只有提高教师的能力以及素养，让教师明白良好的师生关系是两者之间共同努力的产物。只有这样，才会使教师把更为真实的一面展现在学生面前，有助于拉近师生之间的关系。所以，建立一种更为和谐的师生关系，可以提高教学质量，增强教学效果。

（三）教师在教育教学过程中的具体方法

教师应该合理地运用现代教育技术进行辅助教学，以此来增加师生的讨论机会，除此之外，教师还应该在自己的微博上更新每天课堂上的重难点、自己的教学反思、相应的习题作业和答案以及预习过程中应注意的事项等，当学生看到教师的动态之后，可以提前做好预习，这样有利于师生间在课堂上的互动以及疑难问题的解答；师生之间还可以建立贴吧，每个人都可以在里面发表一些课堂上的重难点、个人对某些知识点的见解、预习中问题的反馈、为人处世的道理、励志小故事、生活的小知识等，在这里面任何人都可以互动交流，发表自己的意见和看法。教师在里面最大的作用就是引导学生说出自己的观点、培养学生的自信心、关注学生的成长风向，让学生健康快乐的成长。

二、现代教育技术下的学生

在现代教育技术环境下，教师不仅要全面地了解学生，还要正确面对学生在学习的过程中遇到的问题和困难。要树立现代教育技术环境下新型的师生关系，需要从两个角度进行分析，一方面是从教师角度进行分析，另一方面是从学生角度进行分析，只有将这两者结合起来才能实现我们的目标。由于每个学生都是一个独立的个体，肯定存在差异，所以教师应该根据每个学生的个体差异制定不同的策略。只有这样，学生在课堂上才会拥有更多与教师交流的机会，也能更直观地看到微观世界的化学变化，真正做到寓乐于学；在课下，师生之间可以通过 QQ、微信、微博等讨论学习问题，这样也能加深师生之间的交流沟通，有利于教师根据学生的情况进行合理有效的教学，也能够使学生找到适合其自由的、健康的、本性的、快乐的成长学习，促进其内在本性的成长与发展，以实现自我。

（一）增强主体意识，激发个人情感

有的学生主体意识和存在感比较弱，在课堂教学中难免会被忽略。主体意识的强弱关系着学生对自身发展的自知、自主和自控的程度，也可以直接反映出学生自身的综合素质的发展水平，所以教师在教学过程中要想

方设法地唤醒学生的主体意识。比如，通过让学生自己组织教学过程、提高课堂凝聚力、引导学生主动参与教学活动等策略来增强学生的存在感。除此之外，教师在教学的过程中，还可以利用某些时机让学生充分发挥他们的自主性，还要意识到建立现代教育技术环境下新型的师生关系，最为重要的一点就是教师要尊重学生的看法和选择。教师在课堂上需要注意调动学生积极参与课堂交流的热情，以此来激发学生内心的情感，还需要要培养学生的学习热情和兴趣，然后根据每个学生之间的个体差异进行因材施教，使不同程度、不同类型、不同水平的学生都能体验到学习上的进步和成功的喜悦。

（二）正确认识师生关系对学生学习的重要性

在教师教学的过程中，教师通常起着主导的作用，学生才是学习的主体，而且教师不可能代替学生学习，所以，教师在教学的过程中，不能只顾着把知识灌输给学生就满足于教学任务的完成，还需要给学生一定的时间让他们进行创造性发挥。比如在创设教学情境时，运用多媒体和白板技术播放一些体育锻炼趣味小短片、与体育相关的新闻报道或者是把练习过程中发生的微观变化以动画的形式展示出来。这些都可以开发学生思维，让学生领会到所学知识在日常生活中所起到的作用，有意识地培养其创新能力和应变能力。此外在教学中，教师除了基本知识的讲解外，还应留有一定的时间让学生充分思考，以免造成“填鸭式”的教学模式。课后作业的布置要求质而不是求量，给学生留下一定预习、复习及课余时间，这样学生的学习也不再仅限于老师课堂的讲解和探讨。长期下来，学生不仅掌握了学习的主动权，还能够开阔视野，做到真正的寓乐于学。

（三）充分认识到师生关系构建的必要性

有许多人认为，学习的最高境界是“两耳不闻窗外事，一心只读圣贤书”，他们认为师生关系可有可无，只要学习好就可以代替一切。这显然是不对的，师生关系是学校最基本的人际关系之一，也是师生间交流沟通的基本。良好的师生关系不仅有利于教师教学的顺利进行，还有利于学生学习效率的进一步提高。比如在学生垂头丧气之时，需要的是教师对学生的一种激励，而不是不闻不问，这样会使学生自信心倍增；当学生犯了错误之后，教师不应该是一味地责怪，而是应该晓之以理、动之以情的劝解，让学生认识到其中的错误并进行改正；当学生在取得良好的成绩时，教师的一句鼓励，能让学生产生无限的动力，勇往直前。让学生充分认识到师生关系的重要性并用心去体会，这些不是占用学生学习的时间而是给学生的学习创造机会，因为学生借助于现代教育技术可以和教师拥有更长的时间去交流沟通。学生还必须意识到师生关系的构建不应该以老师的主动为前提，因为师生之间的关系不是一对一而是一对多，只有学生积极主动地和教师交流沟通才能有更好的发展。而现代教育技术的广泛使用更是为理想型师生关系的构建提供平台，大容量知识的存储为学习者自主学习提供了前所未有的学习资源；在课下学生还可以借助网络查询大量的学习资料，使学生获取知识的渠道不再局限于课堂；微信、微博等聊天工具的出现使师生的交流不再受时间和空间的限制，减少面对面的压力，做到师生间畅所欲言。现代教育技术可以为师生关系的构建创造物质基础，建立面向现代化教育、面向世界、面向未来的新型师生关系。提高学生综合素质，使学生做到德、智、体、美、劳全面发展，让我国的教育真正向前跨一个台阶。

（四）良好师生关系构建的具体方法

学生是学习的主体，在学习的过程中我们要积极地应用现代教育技术提供给我们的便利：比如抓住多媒体、电子白板技术等教育技术的优点，结合自身的情况加强对知识的感知、理解和记忆；利用互联网查阅相关学习的资料或者学习过程中的重难点内容，浏览学校的教育网站，下载相关学习的视频；在网上关注老师发布的有关学习信息，了解老师讲课的动态以及在课下做好复习和预习工作，就可以在课上与老师进行友好的互动，还可以积极主动地回答教师在课上提出的问题；主动在贴吧上发表自己对某些问题的见解和课下遇到的各种疑难问题，寻求师生的解答和帮助；利用微信、微博、QQ 等聊天工具和教师进行交流和沟通，没有面对面的压力，学生更容易讲出自己的心声，向教师请教学习和生活中所遇到的问题等。这些具体的做法都可以加强师生间的联系，提高师生间的满意度，建立理想型的师生关系。

第六节　现代体育教育创新模式下构建新型师生关系的策略

体育教学活动是一种以提高生活质量和生命价值为最终目的的实践活动，是学生不满足于自我以不断地提升和超越自我为目标，创造一种更为完美的生活状态。也就是说，教学的过程就是在教师的引导下，让学生自主思考、主动参与和不断创新的过程。而不只是简单的、被动地接受教师和课本提供的现有观点与结论。以现代教育技术为支撑，改变原有的教学理念，改进以往的教学方法，运用多种教学模式，建立师生间的平等对话，实现学生自我价值，是构建新型师生关系的最终目的。

师生关系的构建是以师生间对话为基础的，也是理想的教育形式。在教育教学过程中，无论教师还是学生在人格上都应该是平等的、独立的。孔子曾经说过："三人行，必有我师焉。"也就是说老师与学生之间不应该存在绝对的权威问题，如果老师在教学的过程中遇到有争论性的观点，可以进行自由的辩论，不应该存在谁听从谁的。教师不只是依靠硬性的知识传授给学生，而是以引导对话的形式让学生自己利用现代教育技术的手段查阅资料，去思考、去领会，以激发其潜在的力量。这种教育模式不再以传递真理为目的，而是以探索和发现真理为目的。在现代教育技术环境下的这种"对话"关系中，师生是互为主体、共同发展的。教师在教学的过程中所使用的方法和手段不是一成不变、墨守成规的，应该结合教育教学过程中的实际情况，运用多种教学模式，让学生实现自我价值，建立更为民主平等、和谐友爱的师生关系是我们共同的目标。除此之外还要对学生的未来和自我价值的实现给予一定的指导和借鉴，真正成为学生人生道路上的指路明灯。

第七章　高校体育教学领域的拓展

随着高等教育的快速发展，高校体育教学不断创新，教育技术呈现出多个发展方向。如今，在高校体育教学的过程中，绩效技术、移动学习、混合式学习和游戏化学习等教学方法已经被广泛使用，这些教学方法的应用加快了高校体育教学的发展，为地区高校体育教学的拓展奠定了稳固的基础。

第一节　绩效技术在高校体育教学中的全新定义

绩效是指个人工作成果的总和，绩效技术通常是应用在企业的人才管理和开发上。随着知识经济时代的到来，绩效技术在高校体育教学中出现，受到了教育专家和研究人员的广泛关注，教育研究人员开始将绩效技术使用在教育活动当中，并指导着高校体育教学工作的开展，如教师参加的培训活动。

绩效技术的方法和程序主要是为了企业提高二作效率而发明的，然而教育活动与企业活动有着本质上的区别。因此，将绩效技术引入教育领域时，应结合教育活动的特征对绩效技术在教育领域的含义和方法进行深入探讨，从而正确指导高校体育教学活动的开展。

一、绩效技术的定义及绩效技术模型

人类绩效技术是通过设计以提高工作场所中人类绩效的技术与方法的集合，它以提高人类绩效为目的。有关绩效技术的定义，各国的研究人员给出了不同的看法。

全美绩效和教学协会（NSPI）的定义是：绩效技术也称为人的绩效技术，绩效技术主要是指解决人的绩效问题或寻求改进人的绩效机会的一套方法和过程，它可运用于个人、小组或大型组织的不同层面，绩效技术是

一个领域，几乎包括为了达到高水平的组织和个人绩效的所有研究和实践领域。

我国一些研究人员认为绩效技术是运用分析、设计、开发、实施和评价的系统方法来提高个人和组织机构的工作业绩的研究领域。

绩效技术模型的主要特点是能够揭示工作环境的复杂性和各要素之间的相互影响，从而为计算绩效的工作人员提供如何提高工作绩效的有效步骤。它以一种结构化的形式，为提高人类绩效提供指导。

关于绩效技术模型有很多，这里重点研究ISPI发布的HPT模型，如图7-1所示。HPT模型称得上经典，在实际工作开展中，它发挥着重要的指导作用。日常生活中，一些常见的行业相关的绩效技术模型里也会经常看到HPT模型的影子。对于从事教育技术的研究人员而言，HPT模型与高校体育教学中设计的教学模型非常相似，相同点在于两种模型都是按照同一思路解决问题的。

相比较其他模型，HPT模型有了较大的改进，它的关注点不再是影响绩效因素的种类，而是专注研究如何消除绩效之间的差距。改进之后HPT模型的绩效步骤一共有五个环节，分别为发现问题、分析问题、提出解决方案、执行解决方案和评价效果，ISPI对每个环节都做了详细的阐述。各个环节都因为绩效领域的特点而体现出其特色。从HPT模型可以看出，绩效改进的实质在于消除或减小绩效差距，而这种差距在绩效领域主要来自于环境、员工和组织机构本身，ISPI对不同要素还做了进一步的细分。在对绩效改进中，相关的途径有很多种，HPT模型中提到的教育以及非教育类型的绩效支持包括职位分析、科学管理、组织交流等，提供的解决思路具有重大的启发意义，在完善绩效技术的过程中，我们必须灵活运用各种改进手段来提高绩效。

对于最终的评价阶段，HPT模型中常用的有形成性评价、确定性评价和总结性评价，另外还说明了“元评价”。前三种评价方法的对象是绩效本身，而评价间隔的时间和使用的评价工具是这三种评价方法的主要区别。“元评价”的评价过程有两种，既能与形成性评价、总结性评价及诊断性评价共同进行，也能在这三种评价结束后进行，这样可以对评价过程、产品及结果的可靠性和有效性做出真实的反馈。“元评价”面对的不仅是绩效改进的过程，而且要针对每种评价本身，分别检验三种评价的评价结果，最

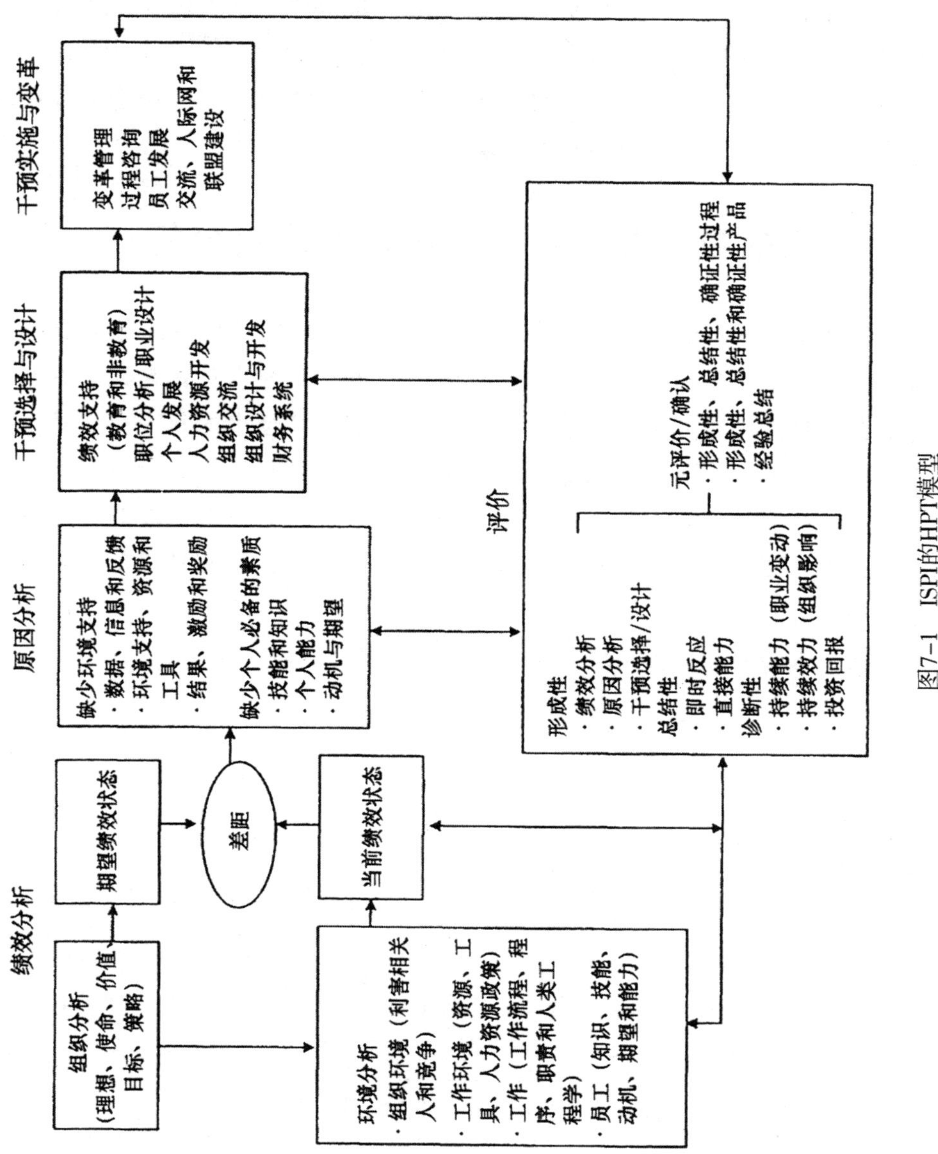

图7-1　ISPI的HPT模型

终获得有价值的信息。

HPT模型不仅把改进绩效的“步骤”进行模块化、结构化之外，而且将改进步骤的先后顺序用箭头进行标注，使得操作人员对模型更加清晰易懂。但是，这种规划好的改进过程在一定程度上限制了绩效管理人员的创新思路。很多情况下，绩效改进工作的实际开展只是该模型中的几个环节甚至一个环节的实施，在有的场合下这是由于其他环节并不需要，而在另一些场合下则由于时间、经费、人力等因素，必须对几个环节加以整合。对于绩效技术专业人员来说，环境因素复杂多变，针对不同的场合头脑中有一个思路清晰的改进模型是非常必要的。

二、绩效技术领域与教育领域的比较分析

科学技术不断发展，促进了众多领域的进步，虽然这些年来绩效技术逐渐形成了一个新的研究领域，但是其研究内容和研究方法都是建立在与人力资源管理理论与实践相结合的前提和基础上。社会中的每一个企业都是以盈利为目的的，通过分析企业的盈利或效益来评判一个企业的绩效水平；对于一所高校而言，学校教育不具有盈利性质，其目的主要是为了提高学生的综合素质，二者在研究对象、目的、内容、方法和环境等方面具有很大不同。

绩效技术领域和教育领域存在的差异有很多，见表 7-1。

表 7-1　绩效技术领域与教育领域比较

项目	绩效技术领域	教育领域
对象	有正常职业的个人和集体	尚未工作的个人和集体
目标	个体组织的利益最大化	个人的全面发展和个性的充分发挥
内容	发现并解决个体或组织中出现的绩效问题，探讨绩效改进策略，并对绩效技术改进过程进行评价和反馈	掌握学生个性发展规律，并在此基础上探究正确引导学生个性发展的方法和策略
环境	有组织的、有约束的	开放的、自主的

三、教育领域中绩效技术的新含义

从表 7-1 中可以清晰地了解绩效技术领域和教育领域的各方面差异，但是对于一个系统而言，也是一种提高整体效率的方法和程序。教育领域

是一个庞大的社会系统，教育的质量和效率也是其关注的焦点。因为绩效技术和学校教育是两个不同性质的概念，如果采用绩效技术来改进教育领域出现的问题，只有在绩效技术原有的基础上，根据教育领域具有的特征对绩效技术进行全新的定义，可以通过以下三个方面来分析。

（1）教育绩效目标是开放的，绩效分析需要分阶段、分层次开展。

（2）绩效改进过程是动态的，干预措施应随学生的成长而变化。

（3）绩效评价的内容是教师及学生水平的提高程度。

四、高校体育教师培训中绩效技术的运用

高校体育教学改革与发展中，建设一支强大的教师队伍是非常关键的，高校要大力培养创新型体育教师。培养高素质教师的方式有很多，举办教师培训活动是最主要的方式之一。高校体育教师培训是高校体育教育中一项重要的工作，高校在培养创新型教师时，应对教师的创新知识与创新能力进行有组织的培训，能够使教师在自己岗位上边干边学。利用绩效技术来指导教师培训，可以把教师培训活动作为一个绩效系统，采用绩效技术的方法和程序开展教师培训工作。要明确高校体育教师培训的主要目的，高校体育教师培训是为了高校教育未来更好地发展，改善教学环境，提高体育教学的效率。因此，开展教师培训活动中，把绩效技术作为重要的指导方案，可以完全遵从绩效技术的一般程序，但是在一些具体环节上必须要充分考虑教育领域的特征，对高校体育教师培训活动进行设计时应注意以下几个问题。

（1）设计多样化的培训目标。

（2）培训内容的选择是开放的。

（3）培训方式应具备较强的互动性与灵活性。

（4）培训效果评价的多元化。

总之，采用绩效技术方法和程序指导高校体育教育活动，有效拓展了绩效技术的研究领域，同时也能促进教育领域的发展和进步。需要注意的是，二者在理论基础知识上存在的差异，能够使绩效技术的方法对教育活动进行正确的指导。

第二节　移动学习与混合式学习模式融入高校体育教学

移动学习和混合式学习是利用高科技的学习方式，为了更好地了解这两种学习模式，这里将对两种学习模式展开简要的讨论。

一、移动学习

（一）移动学习的概念

随着科学技术不断发展，移动信息技术日趋成熟，如无线移动、蓝牙共享、App、WAP 等。近年来，移动通信技术中完美结合了计算机技术，因此在教育领域产生了一种新的学习模式——移动学习，并且逐渐成为现代远程教育的重点教学模式。

移动学习是指学习人员借助无线设备与移动设备和无线通信技术获取自己所需的教育知识、教育信息、教育服务等，这是一种新型的学习模式。学习者可以根据自己的时间自由安排，与他人交流、学习的过程中不会受到时间、地点的限制。移动学习是远程教育的延伸和扩展，除了具有固定远程学习所拥有的优点之外，还具有很多其他的特点，如灵活性、无限性、便携性等。移动学习技术最大的特点就是移动性和便携性，可以帮助学习者合理安排学习时间，摆脱学习设备、学习场所等的约束，学习的随机性大大增强。

（二）移动学习的发展现状

我国教育部高教司于 2001 年 12 月发出了关于“移动教育”的理论与实践研究项目立项的通知。由于移动信息技术的快速发展，移动设备的价格逐渐降低，性价比越来越高，我国移动设备的普及率得到稳步提升。移动设备在人们的生活中发挥着重要的作用，极大地提高了人们的生活水平，并且将移动通信技术、计算机技术和现代多媒体技术有机结合形成了一种符合现代教育的教育方式——移动教育，逐步成为远程教育中一个重要的研究方向。随着技术的不断完善，它将进一步促进教育信息化的发展，真正实现随时随地的学习。

目前来看，移动学习模式在国内和国外都取得了一定的研究成果。但从实际应用上来看，当前移动学习仅仅停留在理论及其应用策略的研究和小范围实践上，这种教学模式在应用和普及方面仍处于缓慢的发展阶段。

（三）移动学习的常见模式

随着高等教育水平的提高，移动教学得到了人们广泛的关注和喜爱，移动学习领域的学习模式主要分为两大类，即在线类移动学习和脱机类移动学习。前者主要是通过移动通信技术进行在线学习，而后者主要是借助电子储存设备进行储存式移动学习。

1. SMS 模式

SMS（Single Message System）模式是基于短消息的移动学习模式，主要应用于通信数据少，简单文字描述的学习活动。它是目前普遍的一种移动学习途径，技术也相对比较成熟，费用较低，用户数量也最多。学校使用这种信息系统，能够使各种服务信息的传递更加便捷，但是只能提供一些文字或图片的信息，而且对传递内容的大小也有限制，所以这种系统只能用来发送一些简单的信息，学生仅能用来查询或通知。

资源形式：文字信息。

适用终端：带有短消息功能的手持移动设备，如 PDA、移动电话等。

学生需求：学习者参加一定课程的学习，需要及时地收取通知、公告、课程成绩查询结果、概念性知识片段等信息。

适用情境：上学路上、途中等零碎的时间段。

交互方式："推送"方式以单向交互为主，一定程度上的文字性双向交互。

2. MMS 模式

MMS（Multiple Message System）模式是基于多媒体的移动学习模式，主要应用于表达丰富信息，需要使用图像、声音、动画等多媒体信息的学习活动。

资源形式：语音、图片、图像、简短动画。

适用终端：带有摄像功能，支持 MMS 图片、图像、语音存储和传输的 PDA、移动电话以及笔记本电脑。

学生需求：生动的多媒体信息的学习需求与交互。

适用情境：高校学生在学习现场将观察到的事物或者场景录制或拍摄下来，上传到教学平台与教师和学生共享。

交互方式："推送"并接收更加生动的多媒体信息。例如，布置特定的学习任务让学习者完成，并按照要求上传语音、图片等学习资源，作为学习者参与课程学习的一部分内容。

3. 基于浏览、链接的模式

这种类型的移动学习模式又包括两类：一类是 WAP 及移动互联网业务；另一类是移动宽带业务。

资源形式：班级社区、Blog、图文资料的浏览、教学教务组织、远程交互、课程下载、流媒体课件点播、定位等。

适用终端：PDA、移动电话、笔记本电脑。

学生需求：学习者需要以在线的方式与老师、同学或者教学资源实现实时交互；在交流和协作的情况下进行学习。

适用情境：在出差时期参加课程的实时学习；利用空闲时间访问在线资源并下载资源等情境。

交互方式：以在线的方式实现学习者与学习内容、教师、学生之间的交互。

4. 存储携带模式

存储携带模式是指将电子书、多媒体课件、图文课件等数字化内容存储在便携式移动设备上，帮助高校学生进行随时随地的学习。

资源形式：文档、图片、音频、视频、课件、流媒体等。

适用终端：MP4、PDA、学习机、带存储扩展卡的移动电话、笔记本电脑。

学生需求：利用工作、休息之外的时间片段进行学习。

适用情境：工作繁忙，又需要充电，上班路上、出差途中等零碎时间段学习。

交互方式：主要是学习者与学习资源之间的交互。

（四）移动学习的特点

移动学习模式的出现大大提高了高校学生的学习效率，其特点主要包括4个方面，如图7-2所示。

从图7-2中可以看出，移动学习实际上是数字化学习、网络化学习发展的衍生品，这种教学模式可以完全摆脱时间、地点上的束缚，学习者可以根据自己的情况自由安排。由于该学习方式拥有独特的技术优势，得到很多教育技术研究人员的关注。移动学习是未来远程学习的主要模式，也是教育技术研究的一个重点方向。但我国目前情况还存在许多问题，移动学习需要的移动设备和教学系统不够完善，还有移动互联网的局限性、移动设备的兼容性、技术支持不够等都严重影响了移动学习模式的发展。

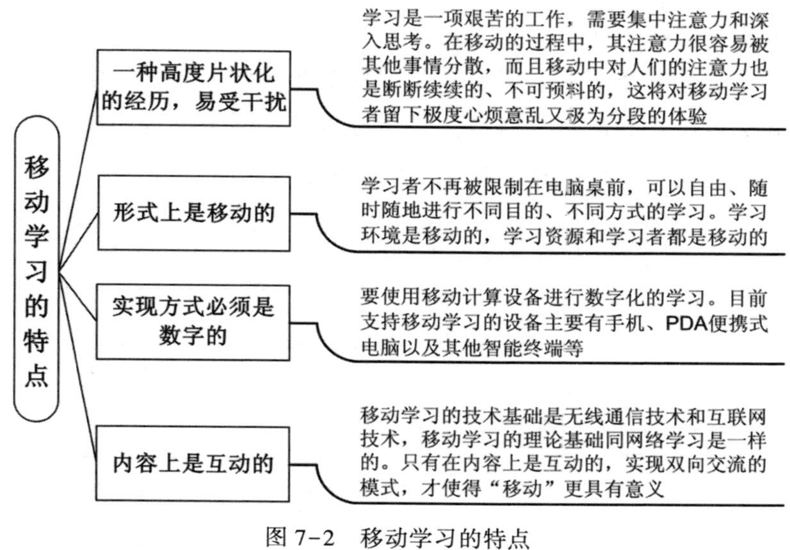

图7-2　移动学习的特点

二、混合式学习

（一）混合式学习的概念

2003年12月9日在中国南京召开的全球华人计算机技术大会上，何克抗教授首次正式提出混合式学习的概念。混合式学习模式就是把传统学习方式的优势和网络学习的优势进行有机结合，既要发挥教师在教学中的主导性，又要把学生在学习过程中的主体性和创造性充分展现。何教授认为混合式学习将会成为未来教育的发展趋势，在国际教育技术领域，使得教育思想和教育理念得到很大转变。这种改变不仅只是形式上的，更多体现在利用在线教学和课堂教学的优势互补来提高学生的认知效果上。

现代国际教育领域中，教育专家认为只有把传统的课堂教学和在线教学结合起来，使二者的优势互补，才能获得最好的教学效果，提高学生的学习效率，这就是混合式学习的核心理念。

（二）混合式学习的组成

混合式学习是从抽象到具体的学习过程，以宏观、中观、微观三个层面进行分析，如图 7-3 所示。

从图 7-3 中可以看出，混合式学习就是各种学习方法、学习资源、学习环境和学习模式的混合。但是，混合式学习并不是把这些成分简单地混合，而是在达到学习目标的基础上进行有机地结合。

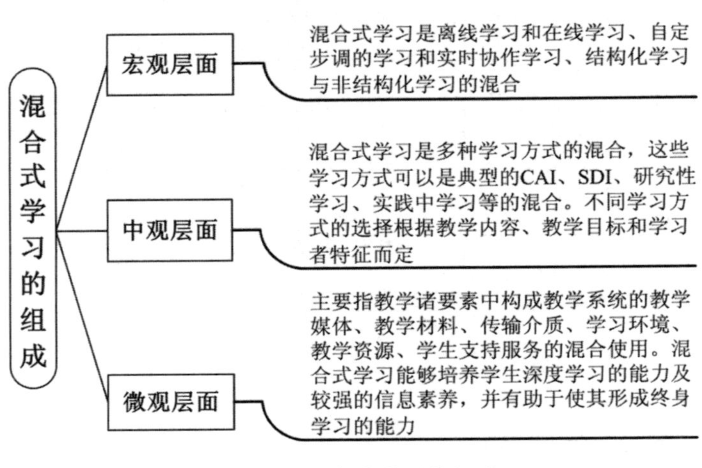

图 7-3　混合式学习的组成

（三）混合式学习的混合形式

混合式学习的混合形式一共分为 4 种，如图 7-4 所示对每种混合形式进行了简要介绍。

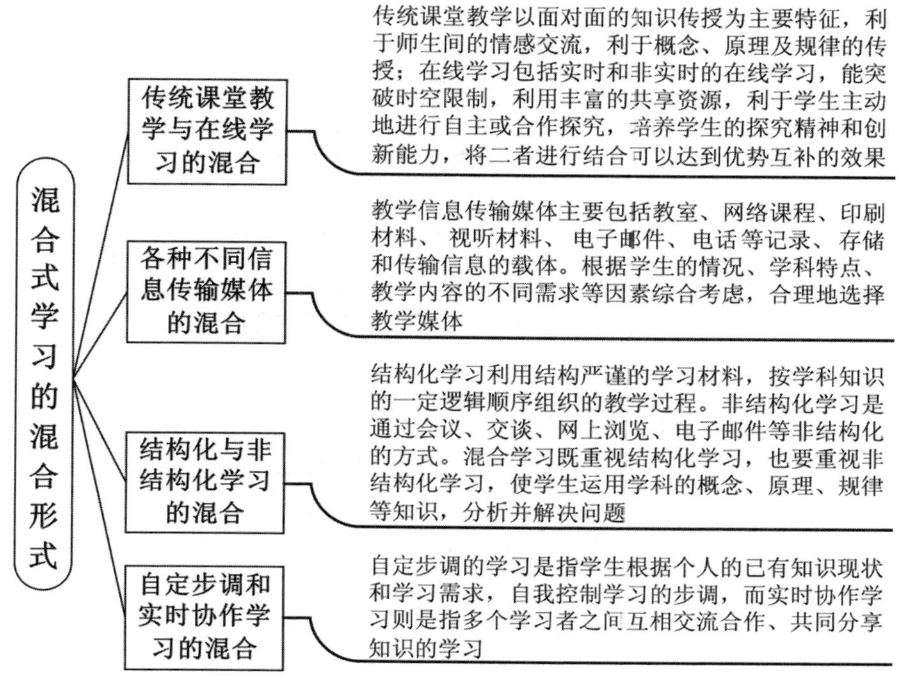

图 7-4　混合式学习的混合形式

（四）混合式学习的设计

1. 混合式学习的设计环节

国外研究人员将混合式学习的设计过程分为 4 个环节，即识别与定义学习需求、制订学习计划和测量策略、确定开发或选择学习内容和跟踪执行过程及测量结果。随后，我国研究人员根据国外的研究成果，将混合式学习的设计模型分解为 8 个相互循环的步骤，如图 7-5 所示。

2. 混合式学习设计模型

Intel 公司提出了针对 Intel 企业培训的混合式学习设计模型，如图 7-6 所示。

除了这些公司针对企业培训和个别学校提出混合式学习设计模型之外，还有一些教育专家及研究人员也提出了他们自己的混合式学习设计模型。特罗哈提出了由以下几个步骤组成的混合式学习设计模型，基本过程和步骤如下。

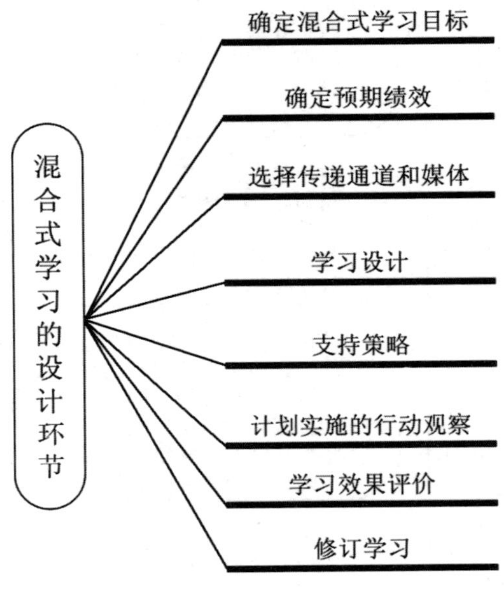

图 7-5　混合式学习的设计环节

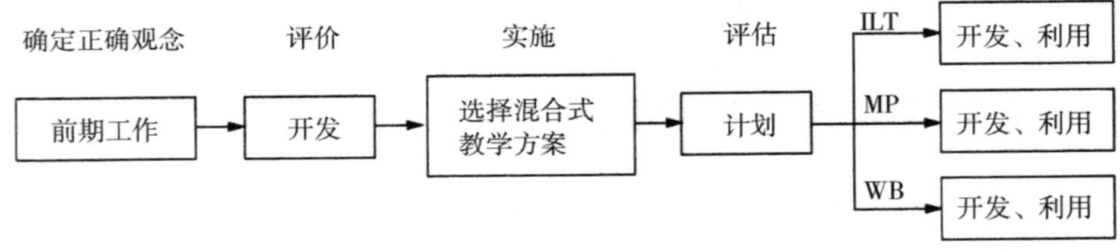

图 7-6　英特尔混合学习模型

（1）收集关于培训需求的符合标准的背景信息，如同为课堂教学设计一样。

（2）回答这样的问题：作为培训的结果，什么东西确实是我们希望学习者知道、去做和感受的。

（3）基于证实的学习目标，描述主题。

（4）在内容大纲的每个条目旁边，注明能够通过课堂很好地将内容条目传递给学习者的学习活动类型。

（5）开发学习策略的传递，学习策略描述在培训过程中所做的事情。

（6）开发评价策略，评价策略描述培训的有效性。

（7）识别和编目所有存在的将来可能用于促进课程开发的文档。

（8）将过程中所有的输出与教学设计文档组织在一起。

（9）通过教学设计文档，在“内容/学习活动大纲”中找出可以通过在线传递的成分。

（10）简要询问设计项目中的内部人员，收集反馈意见。

（11）会见混合式学习的提供者，着眼于提高学习效率，全面优化宝贵的课堂时间和确保投资的最佳回报。

（12）和外部的提供者一起，向所有的内部利益相关者陈述混合式学习设计，收集反馈意见和确定下一步。

同时，Badurl Khan 也提出了混合式学习的模型，称为 Khan 八边形结构，如图 7-7 所示。

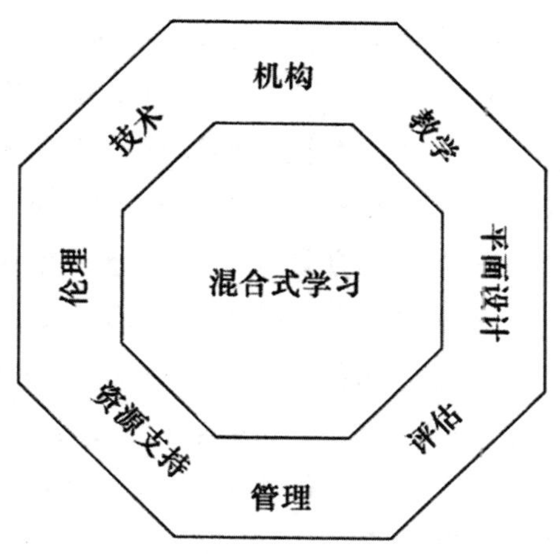

图 7-7　Khan 混合学习八边形结构

这个模型可以帮助人们在设计混合式学习时选择合适的内容，也可以成为设计、开发、传送和管理以及评价混合式学习课程的指导性原则。Khan 将这些因素概括后组成了一个八边形，包括教学、技术、平面设计、评估、管理、资源支持、伦理和机构。

第三节　体育教育游戏的创编与高校体育游戏化教学的实践

高校体育游戏化形式的出现，增加了师生之间的互动环节，提高了学生学习的积极性，学习效率也得到了很大提升。游戏化教学的实践促进了我国高校体育教学的改革与发展，这里将对高校体育教育游戏的创编与高校体育游戏化教学的实践展开详细的讨论。

一、我国游戏教学的历史与现状

游戏是伴随着社会生产力的发展而产生并不断完善的，曾在考古活动中发现，西安地区挖出的石球是我国有关游戏教学的最早考证。在古代，体育教育是与生产活动紧密结合的，而游戏是从极其简单原始的社会生产中分化出来的一种形式，意识模糊，并没有清晰的概念与分类。随着社会生产力的发展，游戏活动的雏形逐渐形成，由于经济水平的提高，促进了游戏大规模地普及，游戏不再是少数人的专属活动。

在传统教育制度的影响下，促进了游戏系统化教学的形成。学校是开展教育活动的主要场所，也是开发教育性游戏的重要机构，其中教育性游戏就包含了学校体育游戏。随着我国高校体育的快速发展，国家相关部门将游戏性教学方式作为师范类体育专业学生的重要授课方式之一。直到民国时期，游戏教学对体育教学的发展依旧产生着重要的作用。民国时期的体育教学内容明确规定“按颁布的标准分为游戏、韵律活动、体操、运动四类以及其他活动”。1949 年，中华人民共和国成立后，我国教育领域的专家和研究人员仍然将游戏作为学校体育教学的重要教育内容，并且逐渐完善了相关的规定和制度，颁发了相应的法律文件。

现代高校体育教学研究中，不同学者纷纷从理论或者实践层面上证实了游戏教学方法在体育教学中存在的客观必然性及实施的有效性。但是，针对游戏教学的学术研究相对较少，仅仅是对游戏教学的某一层面进行的研究分析，很难得到教育专家的认可。由于研究成果缺乏客观依据，缺乏科学性理论，相关的研究难以继续深入。

二、体育游戏的创编

在体育游戏创编的过程中，要特别注意游戏的特点、创编的原则、创编的技法和程序，掌握这些细节后，可以有效降低体育游戏创编的难度。

（一）体育游戏的特点

体育游戏作为游戏的一种重要表现形式，其自身不仅能够表现出游戏的一般特性，又能够凸现体育的主要特征。体育游戏主要是以人体完成基本体育动作为主的游戏，是一种能将人的德、智、体的发展寓于一种浓厚的娱乐氛围中的教学活动。体育游戏特点主要包含 4 种，如图 7-8 所示。

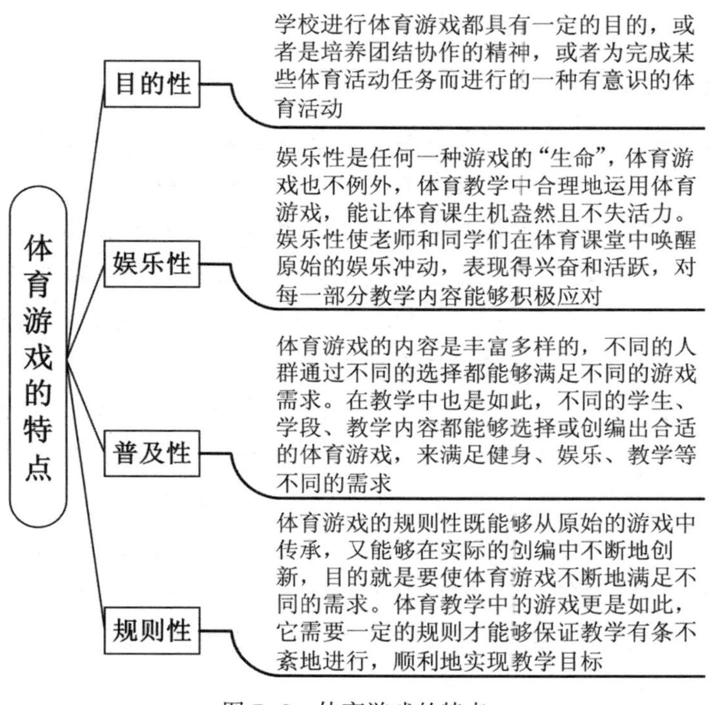

图 7-8　体育游戏的特点

（二）体育游戏的创编原则

在我国高校体育教学中，游戏教学法的应用改变了以往枯燥、乏味的体育课堂气氛，使得体育课生机盎然，对学生各方面能力培养和课堂教学效率的提高起到了积极的推动作用。游戏的正确选择非常重要，因为会直接影响到最终的教学效果，选择不合适的游戏往往会事倍功半，所以，体育游戏创编过程中应遵循 5 个原则，即针对性原则、目的性原则、安全性原则、趣味性原则和健康性原则。由于本书篇幅有限，下面仅对健康性原则、趣味性原则和安全性原则进行简要研究。

1. 健康性原则

在高校体育教学过程中，教师要根据教学内容积极选择或创编有效的教育游戏，有助于实现教学目标，提高教学质量和教学效果。但这些游戏内容与形式的选择和创编必须是健康向上的，否则表面上实现了体育课堂活跃的气氛和体育教学的课堂要求，但却直接影响了体育教学最终的思想教育的内涵。

2. 趣味性原则

游戏的趣味性是体育游戏最基本的性质，如果游戏没有任何趣味性可言，那么也不会受到学生的喜爱和关注。一个没有趣味性的游戏就像一个没有生命的个体，在高校体育教学中不会起到任何有利作用，反而会让学生反感，严重影响高校体育教学的发展。正如有些心理学家所说“兴趣乃是最好的老师”，一个富有趣味性的游戏必然会引发学生内心的娱乐爱好，对体育游戏产生浓厚的兴趣。体育游戏是一项较正规的、相对体育比赛又十分轻松的体育活动，对游戏者并没有过于严格的规则要求，所以高校学生能够在体育游戏中以轻松愉悦的心态展示自我、表达自我。另外，参加体育游戏的学生会使他们的注意力更加集中，能够在轻松欢快的氛围中进行学习。教师选择或者创编竞争性强、过程生动的游戏，能够使学生体会到更多的趣味性。这样的体育游戏能够改善体育课程的枯燥乏味、活动单一等，有利于激发学生的学习热情，充分调动学生的积极性。

3. 安全性原则

高校体育教学实践中，不管什么样的游戏活动，都必须保证学生的人身安全，学生的安全才是最重要的。如今，学生的安全问题已经成为各大高校关注的焦点，也是体育教学实施过程中最棘手的问题之一。在实施体育游戏教学法的过程中，体育游戏的选择必须把学生安全问题放在第一位。教师选择或创编的游戏再好、再有趣，如果实践过程中出现安全事故，那么体育教学的教育意义就不复存在了，所有的努力都是白费，毕竟教育的最终目的是要培养全面发展的人才。所以，在进行体育游戏时，教师一定要高度关注学生的个人安全，并要告诉学生体育器材和设备的正确使用方法。针对不同体质的学生，教师要合理安排活动量，掌握学生的游戏节奏，以免兴奋度过高而发生意外损伤。

（三）体育游戏的创编技法与程序

在游戏创编的过程中，如果按照游戏的创编原则有序进行，那么游戏中就不会出现明显的错误和不足。游戏创编时正确掌握游戏的创编技法和程序，有利于提高工作效率，创编的游戏也更加具有规范性。

1. 体育游戏的创编技法

高校体育教学中，创编体育游戏时一共有 3 种技法，如图 7-9 所示。

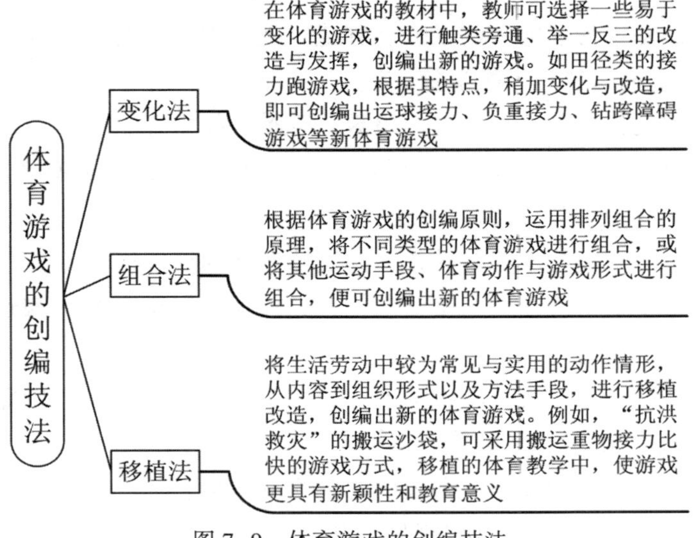

图 7-9　体育游戏的创编技法

2. 体育游戏的创编程序

高校体育教学中，创编体育游戏要遵循以下创编程序。

（1）明确游戏的目的与任务。学生是体育游戏的主要参与者，他们的目的就是能够参与到游戏当中，亲身感受游戏带来的欢快和愉悦，满足内心的活动需求。但对于游戏的组织者来讲，体育游戏是体育教学的一种手段，其目的是锻炼学生身体，增强学生体质，这个目的是通过各个具体的游戏来达到的。一个专门设计的体育游戏通常还需要学生完成相应的体育任务。创编人员在设计游戏内容时，一定要明确创编游戏的目的和任务，这样才能在创编游戏过程中收放自如。

（2）选择游戏的素材。创编游戏的目的和任务明确之后，就要合理地选择游戏内容，根据游戏的任务进行针对性选择。例如，训练学生注意力的游戏，要选择运动量小的游戏素材；为了提高学生的情绪，其娱乐性要强一些；发展学生的腿部力量，可以采用跑、跳等动作作为游戏的素材；为学习或复习专项技术服务的游戏，则应以专项技术动作为素材。教学条件允许的情况下，可以将几项任务巧妙地结合在一起共同完成。

体育游戏主要是以发展学生体力为主的游戏，因此它所采用的素材应体现体力活动的特征，这些体力活动应以体育动作为主，但不限于体育动作的形式。以下所列的一些体力活动的内容都可作为体育游戏的素材：

1）身体基本活动能力的动作，如走、跑、跳、支撑、悬垂、攀登、爬行、钻越、追捕、躲闪、搬运等。

2）队列动作，如原地转向、报数、下蹲、起立等。

3）竞技运动动作，如球类中的运球、传球；田径中的接棒、起跑；体操中的跳绳、前滚翻、跳跃、分腿腾越等。

4）简单的球类战术练习动作，如篮球运动的挡拆配合、换防等。

5）日常生活与劳动中的某些动作，如使用筷子的动作，搬运同伴、搬运重物等。

6）模仿性动作，模仿动物的动作，如兔跳、象行、鸭子走路等；模仿机械，如汽车、吊车、飞机等。

7）其他动作，如舞蹈、杂技中的某些动作等。

以上这些动作有些可以直接用作游戏的素材，有些则应经过加工改造后才能成为游戏的素材。除了以上这些动作之外，还可以自己创造一些新颖的、有趣的动作作为游戏的素材。

（3）确定游戏的方法。游戏的方法包括游戏的准备、游戏的活动形式、游戏的队形及变化、游戏的活动路线与活动范围、接替方法与动作要求等。

（4）制定游戏的规则。游戏的规则既是游戏顺利进行的保证，也是评定游戏胜负的重要依据。在制定规则时，要注意以下几点。

1）明确合理与犯规、成功与失败的界限。在创编游戏时，因为有些动作做法不同其难易程度也是不同的，所以要在规则中明确哪种做法是合理的，哪种做法是犯规的；明确划分成功与失败的界限。

2）明确对犯规人员的处理办法。一般来讲，对犯规者可采用 5 种处理办法，分别为犯规者取得的成绩无效、对犯规者扣分或降级、犯规队名次列于最后和罚犯规者退出比赛。

3）要有一定的灵活性。规则不要定得太死，要留有余地，让学生发挥自己的思维与创造力。规则的条文不要过多或过于复杂，一般有 2 ～ 4 条即可。

（5）确定游戏的名称。确定游戏的名称就是给游戏命名，给游戏命名的方法有两种。

1）直接命名。如今采用的这种直接命名方法有 4 种形式，分别为以游戏的内容命名、以游戏的形式命名、以游戏的内容加上形式命名和以游戏的规则命名。

2）拟喻命名。拟喻命名是采用模拟与比喻的方法赋予某种带情节的名称，这种名称带有一定的教育意义或者趣味性，如“推小车”“黄河长江”等。

在给体育游戏命名时，一般需要注意 3 个问题，分别为游戏的名称要简单易懂、游戏的名称要名实相符和游戏的内容与形式相关。

（6）提出游戏的教学建议。游戏的教学建议包括以下内容：

1）游戏的适用范围，如年龄大小，对气候、场地和器材的要求等。

2）在游戏中可能会出现的安全与其他方面的问题，以及预防办法或解决措施。

3）游戏的其他做法，加大或减少游戏难度与运动负荷量的方法。

4）其他注意事项。

（7）体育游戏的书写格式。体育游戏较全面的书写格式，可分为名称、目的、场地与器材、方法、规则及教学建议，再配以组织形式图，简单的可以只写出名称、方法及规则三项。下面以矮人赛跑为例进行说明。

名称：矮人赛跑

目的：发展学生的下肢力量。

器材：实心球两个。

方法：在场地上画两条相距 15 米的平行线作为起点线。将学生分成人数相等的两队；各队又分成甲、乙两组，以纵队的形式面向站在两条起点线后；队与队间隔 3 米。

游戏开始，各队甲组排头持半蹲姿势，并用腕、腿将实心球夹住，放开手做好准备。发令后，夹住球迅速跑向本队乙组处，把球交给乙组排头后站到乙组队尾。乙组排头按同样方法跑出，直至全队做完，率先完成的队获胜，如图 7-10 所示。

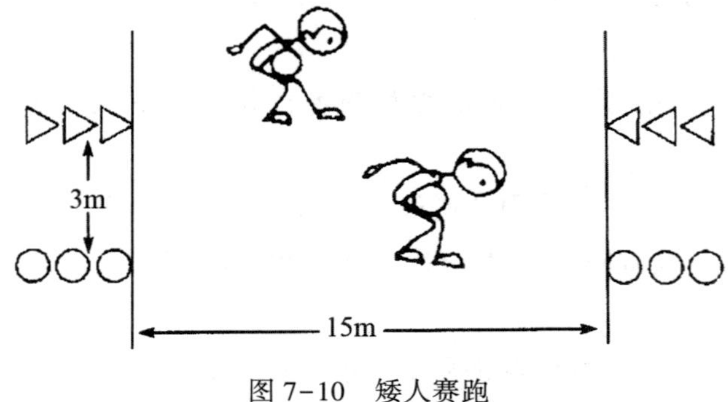

图 7-10　矮人赛跑

规则：

1）起跑和换人时，必须在起点线进行。

2）跑动中不得用手扶球，球若落地必须在原地将球夹好后方能前进。

3）此游戏可用曲线跑的方法增加难度。

4）游戏的距离，可根据学生实际情况进行调整，实心球可用排球代替。除用文字书写外，一般都配以游戏的组织形式图，以帮助对游戏方法的理解。

三、高校体育游戏教学

地区高校体育教学中，体育游戏教学模式的出现促进了高校体育的快速发展。教师在教学过程中，要掌握体育教学的基本特征、原则、形式和方法，这样有利于教学工作的开展和完成。下面对体育游戏教学的相关理论、基本特征、原则、形式和方法进行简要讨论。

（一）体育游戏教学法的相关理论

1. 认知结构理论

根据认知结构理论不难发现，学习的实质在于主动地获得一种认知结构，而这种认知结构就是知识在人们头脑中的有序合理的储存形式。学生要主动地获取知识，并把获取的知识和已经存在头脑中的知识联系起来建构合理的知识体系。理解学科的基本结构和基本知识解在学习过程中至关重要，并把头脑中的知识通过动作、图像、符号等形式进行编码存储。教育学家所倡导的学习方法主要为发现法，发现法实际上是让学生用自己的头脑去获取知识的一切形式。用发现法代替系统的传授学习，依据学生的能力将科目知识教给任何年龄阶段的学生。

2. 选择理论

哥拉斯博士是美国加利福尼亚哥拉斯学院的创建者和校长，他曾经指出：高校学生有 4 种需要值得我们教育者特别的关注，即归属的需要、自尊的需要、自由的需要和快乐的需要。当这些需要中的一种或几种得到满足时，学生就会得到愉快的体验。即使是成绩差的学生或者是有孤独感的学生，在他们的内心深处也隐藏着这一种最真实的归属的需要，他们需要得到友谊和关心，也需对别人关心和照顾，每一名学生在潜意识中都有自尊的需要，希望得到别人的认可。

（二）高校体育游戏教学的基本特征

1. 体力活动与智力活动相结合

体育游戏的教学与其他的体育形式教学相比，更强调体力与智力活动的结合与统一，这是由体育游戏本身的特点所决定的。

（1）体育游戏具有较强的综合性。现实生活中，一个体育项目的训练模式是固定的，训练人员长时间练习之后自然会掌握其中的方法，动作也不会变得更加自然协调，而体育游戏则是综合了各种体育项目的动作、人体基本活动能力的动作，甚至生产劳动、军事作战以及模仿各种动物的动作等。动作的综合性使得在完成动作时难以形成动力定型，必须要经常想一想才做得出来。

（2）体育游戏的规则具有随机变化性。一个体育项目的规则是相对稳定的，学生训练时很容易记忆和了解，而体育游戏的规则是随着环境条件变化的，学生在参加游戏活动时要完全集中自己的注意力，以便更快地适应这种变化。

（3）体育游戏具有智力性。许多体育游戏中，游戏本身就包含有一定的智力因素，学生在练习时必须将体力与智力结合起来才能很好地完成。

因此，体育游戏既能有效地锻炼学生的身体，也能较好地发展学生的智力。

2. 教学任务的多样性

高校体育教学有三项任务：一是增强体质；二是掌握体育知识、技术与技能；三是进行思想品德教育。体育游戏的教学除了上述任务外，还要完成每节课时的具体任务和提升学生乐趣的任务。虽然教师组织体育游戏的主要目的不是为了学生的娱乐，但是娱乐却是达到完成其他任务的一座桥梁，要完成游戏教学的其他任务，必须要兼顾游戏的娱乐性。

因此，在高校体育游戏的教学中，教师必须分清各项教学任务的主次，做到统筹兼顾。

3. 学生具有主动积极性

一般来说，学生在体育课中都愿意做体育游戏。对于其他体育练习，总是有些学生喜欢，有些学生不喜欢。例如，踢足球，很多男生喜欢，但很多女生却不愿意“玩”；篮球运动在学校里是比较受学生欢迎的，但也有些学生不喜欢而喜欢体操等。而游戏就不同，它总是受到学生的欢迎，不管是男生还是女生，他们可以在游戏中欢快地、尽情地玩着。由于学生具有主动积极性，教师可以在教学中将精力多花在教学的其他环节上，从而提高教学质量。

（三）体育游戏教学的教学过程

体育游戏教学的具体过程如图 7-11 所示。

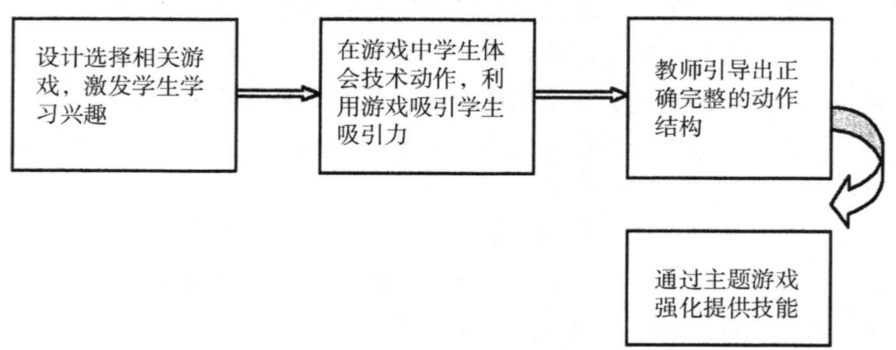

图 7-11　体育游戏教学的过程

（四）高校体育游戏教学的形式

高校体育游戏教学的形式是与体育教学的任务紧密相关的，尤其是每次课的具体任务。常见的高校体育游戏教学形式一共有 5 种，如图 7-12 所示。

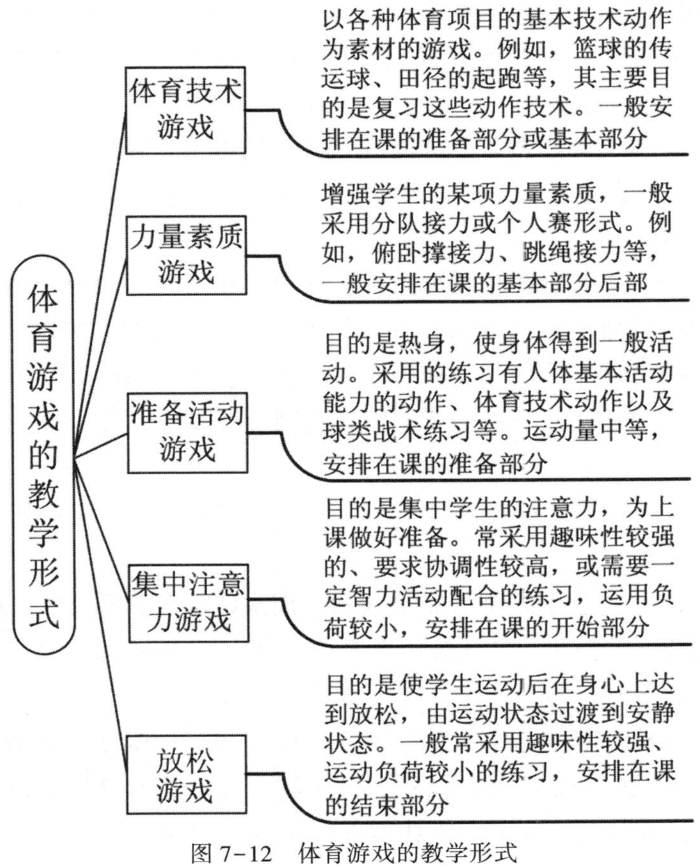

图 7-12　体育游戏的教学形式

参考文献

[1] 赵翼虎. 人文体育教学概论 [M]. 北京：化学工业出版社，2014.

[2] 王林波. 体育多媒体技术应用 [M]. 北京：北京体育大学出版社，2015.

[3] 施小菊. 体育微格教学 [M]. 厦门：厦门大学出版社，2013.

[4] 关北光，毛加宁. 体育教学设计 [M]. 成都：西南交通大学出版社，2016.

[5] 方慧. 体育教育的价值回归——促进大学生素质教育和终身教育培养的体育教学模式研究 [M]. 北京：化学工业出版社，2015.

[6] 张亚平. 学校体育教学与管理 [M]. 北京：中国书籍出版社，2014.

[7] 李启迪，邵伟德. 体育教学基本理论研究 [M]. 北京：北京师范大学出版社，2014.

[8] 王崇喜. 体育课程与教学改革研究 [M]. 开封：河南大学出版社，2014.

[9] 龚正伟. 体育教学新论 [M]. 长沙：湖南师范大学出版社，2013.

[10] 蔺新茂，毛振明. 体育教学内容论 [M]. 北京：北京体育大学出版社，2014.

[11] 王华. 体育教学与模式创新 [M]. 北京：九州出版社，2014.

[12] 杨忠山. 体育教学模式的整体优化研究 [J]. 民营科技，2016（10）.

[13] 王锋. 新课程标准下大学体育教学改革的基本思路 [J]. 科教导刊（中旬刊），2015（2）.

[14] 王二通. 传统体育教育教学与现代体育教育教学的比较研究 [J]. 商业故事，2016（20）.

[15] 罗云涛. 大学体育俱乐部选项教学利弊分析与研究 [J]. 文体用品与科技，2016（20）.

[16] 孔继红. 体育俱乐部教学模式的应用与研究 [J]. 四川职业技术学院学报，2016（5）.

[17] 童宇飞. 高校体育教学中学生人文精神培养之研究 [D]. 重庆：西南大学，2013.
[18] 杨潇. 高校体育教学中对学生体育人文精神的培养研究 [D]. 昆明：云南师范大学，2015.
[19] 谢佳. 人文思想理念融入高校体育教学中的路径方法研究 [D]. 长春：东北师范大学，2011.
[20] 朱剑娴. 生态视野下高校体育教学模式研究 [D]. 长沙：湖南农业大学，2015.
[21] 徐伟. 大学体育人文教育理论与实践研究 [D]. 北京：北京体育大学，2013.
[22] 陈玉清. 以人为本视野下高校公共体育教学评价改革与运思 [D]. 长沙：湖南大学，2011.
[23] 马蓉，暴志刚. 大学体育教学与大学生人文素质教育探究 [J]. 运动，2014 (4).
[24] 陈名巧. 试论高校体育教师人文素养的提升路径 [J]. 重庆电力高等专科学校学报，2013 (2).
[25] 叶芳. 论大学体育教学中人文的缺失及对策 [J]. 大众科技，2013 (9).
[26] 马国全. 刍议高校体育教师人文素养提高的主途径 [J]. 成功（教育)，2012 (24).
[27] 王祺. 论大学体育教学中的人文缺失及对策 [J]. 改革与开放，2010 (18).
[28] 吕勇. 我国体育教学论发展研究 [D]. 长沙：湖南师范大学，2009.
[29] 杨宴宏. 多媒体教学手段在中学体育与健康课教学中的应用研究 [D]. 昆明：云南师范大学，2006.
[30] 葛金国. 校园文化品格：理论意蕴与实务运作 [M]. 合肥：安徽大学出版社，2006.
[31] 刘昊航. 无序中的有序——现代体育课程改革的文化品格审视 [M]. 南京：南京师范大学出版社，2009.
[32] 张晓东. 信息技术在高校体育教学中的应用 [D]. 苏州：苏州大学，2008.

[33] 叶峰. 多媒体CAI课件对学生体育情境兴趣影响的实证性研究 [D]. 上海：华东师范大学，2006.
[34] 朱曦. 基于网络平台下普通高校体育与健康理论视频课程构建研究 [D]. 成都：西南交通大学，2015.
[35] 陶华亭，吴洁，魏里. 软件工程实用教程 [M]. 北京：清华大学出版社，2012.
[36] 张婧. 学生体质测试管理系统设计与实现 [J]. 中国科教创新导刊，2010 (31).
[37] 薛晗涵. 近十年中国体育管理学研究状况的调查分析 [D]. 上海：上海体育学院，2011.
[38] 常鹏. 大学生素质教育研究 [D]. 晋中：山西农业大学，2014.
[39] 许尚立. 关于大学生素质教育与人的全面发展的思考 [D]. 重庆：重庆交通大学，2012.
[40] 杨道飞. 基于素质教育背景下的体育课程改革研究 [D]. 重庆：重庆大学，2015.
[41] 周小李. 马克思教育观视域下当代中国素质教育研究 [D]. 长沙：中南大学，2012.
[42] 邹凌. 素质教育的理论基础辨析 [D]. 重庆：西南大学，2011.
[43] 王一鸣. 基于创业教育理论的体育专业本科生教学方法分类体系构建 [D]. 长春：吉林大学，2016.
[44] 高鹏. 基于科学知识图谱的国内体育教学方法研究发展趋势 [D]. 聊城：聊城大学，2014.
[45] 王娟. 普通高校体育教学改革的理论与实践研究 [D]. 武汉：武汉体育学院，2012.
[46] 唐爱英. 拓展训练理念下普通高校体育教学模式改革的研究 [D]. 长沙：湖南师范大学，2009.
[47] 庄艳华. 体育课程改革背景下普通高校公共体育课选用教学方法的现状研究 [D]. 苏州：苏州大学，2007.
[48] 霍军. 创新教育理念下体育教学方法理论与实践研究 [D]. 北京：北京体育大学，2012.
[49] 曹晓东. 普通高等院校体育教学模式改革的探讨与研究 [D]. 济南：

山东体育学院，2011.
[50] 葛冰. 体育教学模式的整体优化研究 [D]. 长春：东北师范大学，2007.
[51] 蒋玲. 高校实施俱乐部制体育课内外一体化教学的理论与实践研究 [D]. 北京：北京体育大学，2004.
[52] 张志霞. 高校公共体育课“俱乐部式”教学的实验研究 [D]. 牡丹江：牡丹江师范学院，2014.
[53] 杜鹏. 对现代体育教学方法研究的综述 [J]. 林区教学，2010 (8).
[54] 朱江天. 高校体育教学改革的理论与实践研究 [J]. 青年文学家，2014 (3).
[55] 郭晓光. 基于理论指导的高校体育教学改革实践研究 [J]. 考试周刊，2014 (75).
[56] 刘涛. 普通高校体育教学改革的理论与实践浅议 [J]. 现代企业教育，2014 (16).
[57] 黎宇. 普通高校体育教学改革的理论与实践研究 [J]. 文体用品与科技，2013 (8).
[58] 郝捷. 浅谈高校体育教学方法优化与创新 [J]. 文体用品与科技，2012 (16).
[59] 陈亚麟. 高校体育课程教学改革的理论与实践探讨 [J]. 大家，2011 (20).
[60] 陈天庚，杨国庆. 对现有体育教学方法内涵及分类的认识 [J]. 教师，2014 (20).
[61] 李立敏. 我国民办高校“课内外一体化”体育教学模式改革与创新的实践研究 [J]. 科技信息，2008 (32).
[62] 郭荣美. 新型体育教学模式与素质教育的培养 [J]. 现代阅读（教育版），2013 (3).
[63] 刘海军. 高校体育教学“翻转课堂”模式构建研究 [J]. 吉林体育学院学报，2015 (3).
[64] 杜俊娟. 体育教学设计 [M]. 北京：北京体育大学出版社，2007.
[65] 黄力艳. 论高校体育与健康教育改革的新思路 [J]. 大众科技，2009 (03).

[66] 林月红. 高职院校体育教学研究的反思［J］. 南京体育学院学报（自然科学版），2010，9（03）.
[67] 王沂. 基于体育课程标准的新体育教学方法体系的构建［J］. 体育成人教育学刊，2007（01）.
[68] 宋海圣，赵庆彬，冯海涛. 体育教学改革创新与发展研究［M］. 北京：中国水利水电出版社，2015.
[69] 潘绍伟. 学校体育学［M］. 北京：高等教育出版社，2008.
[70] 刘清黎. 学校体育学［M］. 北京：人民教育出版社，2007.
[71] 毛振明. 体育教学评价技巧与案例［M］. 北京：北京师范大学出版社，2009.
[72] 刘志红. 学校体育教学评价体系构建与可操作性研究［D］. 石家庄：河北师范大学，2007.
[73] 陈为. 对普通高等学校体育教学评价体系的研究［J］. 改革与开放，2009（08）.
[74] 任勇. 高校体育教学评价体系构建研究［J］. 中外企业家，2014（27）.
[75] 黄继珍，赵嗣庆. 核心力量训练的实质及在我国竞技体育的实践［J］. 体育学刊，2010，17（5）：74.
[76]《运动生物力学》编写组. 运动生物力学［M］. 北京：高等教育出版社，2010.
[77] 王卫星，李海肖. 竞技运动员的核心力量训练研究［J］. 北京体育大学学报，2007，30（8）：12-14.
[78] 李山. 论力量专项化训练的结构［J］. 西安体育学院学报，2015，24.
[79] 郑先常. 体育的本质及体育整体观的建立［J］. 山东体育学院学报，2013，29（1）：31-35.
[80] 贺占亮. 浅谈体育的本质与体育整体观的建立［J］. 青年文学家，2013（18）：213-213.
[81] 张锋. 论终身体育观下学校体育与群众体育的和谐共建［J］. 运动，2012（12）：68-69.
[82] 姜晓红，张德胜. 论体育观众的社会价值［J］. 广州体育学院学报，2010，30（6）：26-29.

[83] 宋旭."体育系统"整体观刍议[J].体育学刊，2010，17（10）：11-13.
[84] 罗鹏.基于整体观的大型体育设施设计研究[J].新建筑，2010（4）：43-46.
[85] 潘仲秋，刘维红.体育课程全息整体观初探[J].大家，2010（2）：190.
[86] 夏荷莲，郭华恬.论休闲体育的社会价值[J].体育文化导刊，2014（06）.
[87] 万文君，郝选明.休闲娱乐体育活动与身心健康[J].广州体育学院学报，2014（01）.
[88] 王斌.对影响休闲体育文化价值取向的社会因素的分析[J].广州体育学院学报，2014（05）.
[89] 季红.休闲体育与身心健康的关系[J].科技信息（学术版），2016（11）.
[90] 李启迪，邵伟德.体育教学基本理论研究[M].北京：北京师范大学出版社，2014.
[91] 尹建军.我国现代高效体育教学思想与内容体系的形成与发展[J].广州体育学院学报，2012（03）.
[92] 张汉辉.体育教学目标问题的分析与探究[J].教育，2015（03）.
[93] 毛振明.体育教学论[M].北京：高等教育出版社，2011.
[94] 孙帅.创新高校体育教学方法的对策探讨[J].长春理工大学学报：2011，4（30）.
[95] 刘冬青，魏莉.我国高校继续教育的发展现状及对策分析[J].中国教育技术装备，2013（30）.
[96] 姜明.现代学校体育教学研究[M].武汉：湖北科学技术出版社，2013.
[97] 何桥，陈晶晶.高校继续教育发展趋势与机制创新[J].黑龙江高教研究，2011（07）.
[98] 王雁等.现代体育教学发展与管理应用研究[M].北京：中国时代经济出版社，2013.
[99] 江波，蒋凤瑛，杨劲松，等.国际视野下的我国高校继续教育的改革

和发展［J］. 国家教育行政学院学报：2015（09）.
［100］林道光. 普通高校继续教育学院现状与发展趋势［J］. 中国成人教育，2010（14）.
［101］鲁长芬，王健，罗小兵，等. 运动训练专业改革的问题、原因及策略研究［J］. 武汉体育学院学报：2011，45（01）.
［102］潘宁，龚群，谢罗希. 我国高校民族传统体育专业发展制约因素及趋势研究［J］. 华中农业大学学报：社会科学版，2011（01）.
［103］陆盛华. 高校民族传统体育专业教学改革［J］. 科教导刊，2014（34）.
［104］龚正伟. 体育教学新论［M］. 长沙：湖南师范大学出版社，2012.
［105］胡茂全. 江苏省普通高等体育教学评价的研究［J］. 南京师范大学，2012（05）.
［106］黄涛，权树琳. 高校体育教学改革现状、发展走向及改革对策［J］. 文体用品与科技，2015（04）.
［107］蒋新国. 体育教学原则新论［M］. 广州：暨南大学出版社，2010.
［108］张作斌. 对普通高校体育教学内容改革的思考［J］. 教育探索，2010（07）.
［109］龚坚. 现代体育教学论［M］. 重庆：西南师范大学出版社，2009.
［110］赵光学. 体育教学理论与发展探究［M］. 长春：吉林大学出版社，2013.
［111］安丽娜等. 现代体育教学管理研究［M］. 北京：中国时代经济出版社，2013.
［112］潘凌云. 体育教学模式探讨［D］. 武汉：华中师范大学，2002.
［113］刘军. 对体育教学设计现状分析及策略研究［J］. 体育教学，2011，31（1）.
［114］蔡先锋. 现代体育教学与科学化管理［M］. 北京：中国书籍出版社，2014.
［115］史立峰，厉成晓. 我国高校体育教育专业改革与发展的思考［J］. 成都体育学院学报，2009，35（01）.
［116］邓星华，谭华. 新编体育教学论［M］. 上海：华东师范大学出版社，2008.

[117] 杜俊娟. 体育教学设计 [M]. 北京：北京体育大学出版社，2007.

[118] 夏志琴. 我国高校体育教学内容改革的探讨 [J]. 内江科技，2012 (02).

[119] 李艳平. 改革开放以来高校体育教学模式发展趋势初探 [J]. 科技风，2019 (19)：36.

[120] 向中华. 网络时代激励式教育在高校体育教学中的运用研究 [J]. 智库时代，2019 (30)：199+202.

[121] 李川东. 论“生命教育”视野下高校体育教育的改革路径 [J]. 佳木斯职业学院学报，2019 (07)：121+123.

[122] 钟欣. 新课程教学理念下高校体育课程优化分析 [J]. 科学咨询 (科技·管理)，2019 (07)：58-59.

[123] 陈焕娣. 高校体育师资学历结构反思与建设路径研究 [J]. 智库时代，2019 (28)：57-58.

[124] 曹翠平. 高校体育课堂中分享与点评的应用研究 [J]. 智库时代，2019 (28)：152+154.

[125] 王磊. 浅析功能性训练在高校体育中的开展 [J]. 科技风，2019 (18)：63.

[126] 姜千秋，李淑娟. 高校体育创新教育实施路径研究 [J]. 中国冶金教育，2019 (03)：104-106.

[127] 陈荟，郑程浩，吴燕丹. 高校体育开设普拉提选项课的可行性分析 [J]. 闽南师范大学学报 (自然科学版)，2019，32 (02)：94-98.

[128] 邢媛满. 人才培养视角下高校体育教学改革 [J]. 中国农村教育，2019 (18)：16.

[129] 董润峰，亢宇，吕芳. 高校体育实施人性化教学的必要性分析及实施策略研究 [J]. 现代交际，2019 (12)：187+186.

[130] 张立争. 高校体育教学加强体能训练的重要性和对策研究 [J]. 北京城市学院学报，2019 (03)：62-66+74.

[131] 杜聚肖，张悦. 谈拓展训练在高校体育教学中的应用 [J]. 才智，2019 (18)：114+116.

[132] 廉鑫. 浅谈体育运动训练原则及对体育教学的启示 [J]. 才智，2019 (18)：143.

[133] 国宝钰. 解析高校体育教育促进体育经济发展的对策 [J]. 现代营销（信息版），2019（07）：96.

[134] 汪秋红. 快乐体育教学理念下高校体育教学改革路径探析 [J]. 长春师范大学学报，2019，38（06）：175-176+179.

[135] 林进. 网络技术在高校体育教学中的应用发展对策 [J]. 科学大众（科学教育），2019（06）：188.

[136] 王国胜. 高校体育教学软环境研究 [J]. 通化师范学院学报，2019，40（06）：87-90.

[137] 李征. 普通高校体育课内外一体化教学模式的优化与实施 [J]. 西南师范大学学报（自然科学版），2019，44（06）：132-135.

[138] 唐奥男，刘艳. 体育微课在高校体育教学中的应用分析 [J]. 才智，2019（17）：102.

[139] 殷宏健. 高校体育教学中体育精神的培养 [J]. 四川体育科学，2019，38（03）：131-134.

[140] 雷宾宾. 高校体育教育信息化发展趋势的研究 [J]. 湖南邮电职业技术学院学报，2019，18（02）：64-65+68.

[141] 姜淑艳，王桂华. 新时期高校体育发展的重新定位与具体策略 [J]. 经济师，2019（06）：215-216.

[142] 王怀建，王继帅. 高校体育教师文化资本的生成逻辑及积累路径研究 [J]. 黑龙江高教研究，2019（06）：88-92.

[143] 龚建亭. 高校体育产业发展的困境与出路分析 [J]. 体育世界（学术版），2019（04）：39+33.

[144] 潘国彬. 高校体育课外训练管理工作的创新与思考 [J]. 体育世界（学术版），2019（04）：83-84.

[145] 霍苗苗. 高校体育管理困境与应对策略 [J]. 体育世界（学术版），2019（04）：100-101.

[146] 孙俊. 我国高校体育俱乐部发展现状及对策研究 [J]. 体育世界（学术版），2019（04）：120-121.

[147] 胡俊. 拓展训练在高校体育教学中的应用探析 [J]. 田径，2019（06）：5-6.

[148] 刘平. 我国高校体育教学现状及改革设想 [J]. 智库时代，2019

(23)：54-55.

[149] 韩国庆. 基于多元智能理论的高校体育教学评价研究［J］. 农家参谋，2019（11）：245-246.

[150] 赵祥雯. 高校体育混合式教学体系构建研究［J］. 湖北开放职业学院学报，2019，32（10）：143-144.